さあ、
リーダーの才能に
目覚めよう

ストレングス リーダーシップ

STRENGTHS BASED LEADERSHIP
GREAT LEADERS, TEAMS, AND WHY PEOPLE FOLLOW

トム・ラス＆バリー・コンチー
Tom Rath & Barry Conchie
田口俊樹 加藤万里子［訳］

日本経済新聞出版社

STRENGTHS BASED LEADERSHIP
by Tom Rath & Barry Conchie

Japanese translation rights arranged
with Gallup EMEA Holding, B.V., Netherlands
c/o Gallup Press, a division of Gallup, Inc., California
through Tuttle-Mori Agency, Inc., Tokyo

すぐれたリーダーたちの強みを40年にわたって研究した
先駆的研究者、ドン・クリフトン（1924―2003）に捧ぐ

ストレングス・リーダーシップ 目次 STRENGTHS BASED LEADERSHIP

GREAT LEADERS, TEAMS, AND WHY PEOPLE FOLLOW

チームへの感謝

〈ギャラップ〉は人間の行動を70年以上研究し、企業のリーダーたちのコンサルティングを40年以上続けてきた。その間、この集合的な知識データベースに貢献してくれた科学者やリーダーシップ・コンサルタントは数知れない。本書を執筆しているいまも、世界中の〈ギャラップ〉のコンサルタントがさまざまな組織のリーダーと手を携えて、会社の効率性を向上するために尽力してくれている。本書もまた、以下に名前を挙げる専門家たち――その多くがすぐれたリーダーたちの研究に一生を捧げている――のチームの努力のたまものである。

ヴァンダナ・アルマン、ジム・アスプランド、デイナ・ボー、シェリル・ビーマー、ブライアン・ブリム、ジム・クリフトン、トーニャ・フレッドストローム、アンドリュー・グリーン、クリスティ・ハマー、アン・ハービソン、ジム・ハーター、ティム・ホッジス、ロッド・カール、ラリート・キャナ、カート・ライスヴェルド、メアリー・パッド・ルース、レイチェル・マグリンガー、ジャック・メリット、ジャン・ミラー、ジェーン・ミラー、ローラ・マスマン、ピーター・オング、コニー・ラス、トニー・ルティグリアーノ、ローズマリー・トラビス、ポーラ・ウォーカー、ストッシュ・ウォルシュ、ダミアン・ウェルチ。

このリーダーシップ専門家チームに加えて、多くの人たちが本書とそのウェブサイトの作成に参加してくれた。ビジネス書の権威であるラリー・エモンドとパイオトレック・ジャズキーウィッツ率いる出版チームは、本書の内容がより充実したものになるように、ことあるごとに私たちを後押ししてくれた。また、世界的に名の知れた編集者ジェフ・ブルーワーとケリー・ヘンリーは、原稿に何度も手を入れ、どうしたらもっと効果的な文章が書けるか手ほどきしてくれた。さらに、以下に名前を挙げるコア・チームのメンバーたちは、「ストレングス・リーダーシップ」を形成するリサーチ、内容、技術のために膨大な時間を捧げてくれた。サマンサ・アルマング、サンギータ・ベイダル、ジェイソン・カール、スワティ・ジャイン、トリスタ・カンス、エミリー・メイヤー、ジョイ・マーフィーの7人だ。

このチームのほかにも本書の草稿を見直してくれた人たち、ウェブサイトを作成してくれたチーム、リサーチ・グループ、それに誰より私たちの顧客であり、欠くことのできない友人でもある大勢の協力者にも謝意を捧げたい。私たちが常に使命と科学に忠実に行動し、また、多くの調査対象者を得ることができたのは、ひとえに彼らのおかげである。このようなすばらしいパートナーがいなければ、本書は完成しなかっただろう。そして最後に、私たちのために貴重な時間を割いてくれたすべてのリーダーに特段の謝意を表する。

装幀　渡辺弘之

はじめに――有能なリーダーは何をしているか

最高のリーダーは生き続ける。

あなたの尊敬するリーダーについてちょっと考えてほしい。一国のリーダー、企業のリーダー、コミュニティーのリーダー、家族のリーダー――どんなリーダーでもいい。彼らは、あなたの考えや信念を形づくり、それゆえに、あなたのなかに生き続ける。たとえそのときは気づかなくても、誰より有能なリーダーはあなたの人生を永遠に変える。

一方、あなた自身が人を率いる機会もこれから先、何度となく訪れるだろう。そうした機会を活かすことができたら、あなたの影響力は、この先ずっと広がり続ける。リーダーになりたいと願う実に多くの人たちを駆り立てているもの――それは取りも直さず、世界に永久に残るインパクトを与えたい、という願望なのかもしれない。

２００６年に行った調査で、われわれは対象者にリーダーシップ能力を自己評価してもらった（原注1）。その結果、任意に調査した１００１人のうち、97パーセントが自分のリーダーシップ能力を平均か平均以上と評価した。さらに、グループかチームを指揮した経験があると答えた者は、対象者の3分の2以上に及んだ。実際のところ、役員会であれ、建設現場であれ、家庭であれ、人生の何らかの場面で、あなたが人を指揮する可能性は少なからずある。

では、より有能なリーダーになる秘訣とはなんだろうか。この問いに答えるためにわれわれは専門家チームを組織し、数十年分の自社データを検討した。そのなかには、シニアリーダーたちとの２万回以上にわたる深層インタビュー、１００万回以上のワークチームの調査と、過去50年以上にわたって行われてきた世界で最も崇拝されるリーダーたちに関する世論調査の結果が含まれている。次に、わが専門家チームは世界中のさまざまな組織の1万人以上のフォロワーを対象に、調査に取りかかった。この調査では人生に最も大きな影響を与えてくれたリーダーについていく理由を――自分たちのことばで――答えてもらった（原注2）。

この調査結果からは３つの重要な事実が判明した。

1　最も有能なリーダーは常に強みに投資している

企業の経営陣が従業員ひとりひとりの強みに注目できていないとき、職場で従業員が仕事に熱意を抱く確率はわずか11分の１（9パーセント）である（原注3）。しかし、企業の経営陣が従業員の強みに注目すると、その確率はほぼ４分の３（73パーセント）へと飛躍的に上がる。つまり、リーダーが従業員の強みに注目し、それに投資すると、従業員が仕事に熱意を抱く確率が8倍に跳ね上がるのだ。第Ⅰ部で説明するように、この熱意の増加が企業の最終的な利益と従業員ひとりひとりの幸福に大きく寄与することになる。

2　最も有能なリーダーは周囲に適切な人材を配置し、チームの力を最大限に引き出す

最高のリーダーは万能ではない。最高のチームが万能なのだ。調査の結果、すぐれた実績をあげるチームは、4つの領域にわたるリーダーシップを備えていることが判明した。第Ⅱ部では、高名なリーダー4人から話を聞き、彼らの強みがこれらの領域でどのように活かされているかに注目する。また、ひとりのCEO（最高経営責任者）が、いまあるチームの力を最大限に高めた実例からは、最も優秀なチームとその他のチームを隔てる特徴について学べるだろう。

3　最も有能なリーダーはフォロワーたちの欲求を知っている

フォロワーには、リーダーについていくきわめて明確な理由がある。さまざまな組織のフォロワー数千人に話を聞いたところ、誰もがリーダーに求めるものを驚くほど明快に説明することができた。第Ⅲ部では、この調査結果を検討し、リーダーに対するフォロワーの4つの基本的欲求についてくわしく述べる。

本書の読者は、自分のリーダーとしての強みを知るために、〈ギャラップ〉の〈ストレングス・ファインダー・プログラム〉を利用することができる（第Ⅳ部参照）。オンライン評価の後に表示されるガイドを見れば、最も優位を占めるあなたの5つの強みが、「リーダーシップ」の4つの領域（第Ⅱ部参照）のどれに該当するかがわかるだろう。このガイドは、あなたをリーダーと仰ぐ人たちの基本的欲求（第Ⅲ部参照）に応えるための、具体的なアドバイスも与えてくれる。しかし、すぐれたリーダー

シップへの第一歩として最初にすべきことは、本書で紹介する最も有能なリーダーたちの例からも明らかだろう。

すなわち、自分の強みをよく知ることである。

I

自分の強みに投資する

あらゆることに秀《ひい》でようとすると、傑出した存在にはなれない。現代社会では、何事もバランスよくこなせる人が好ましいとされているが、このアプローチがかえって凡庸な人間を増やしている。そもそも、「万能なリーダー」という発想自体、数ある思い違いの最たるものではないだろうか。

コミュニケーションに長《た》け、先見の明があり、物事を達成し、継続する力がある。企業はことあるごとにそんなリーダーを探そうとしている。確かに、こうした特質は組織の成功に望ましく、必要なものだが、われわれが調査したリーダーたち全員を見渡しても、これらすべての能力に抜きん出た人などひとりもいなかった。もちろん、複数の領域で平均的な、またはそれ以上の能力を発揮できるリーダーは珍しくない。しかし、彼らがあらゆる分野で有能になろうとすると、皮肉なことに、このうえなく無能なリーダーができあがる。

最高のリーダーを真似ても、人はついてこない

月曜日の朝、車で職場へ向かいながら、サラは嫌な予感を覚える。1週間の仕事の始まりを愉しみに思うことなどめったにないが、今日は職場へ行くことを考えるだけで気が重い。なぜこの月曜日にかぎってこんなに憂鬱なのだろう。なぜなのか腑に落ちない。先週の金曜日は久々に最高の気分で仕

事をしていたのに――。

駐車場に入るころになって、ようやく理由に思いあたる。なぜ先週末があれほど愉しかったのか。上司のボブが出張でいなかったからだ。あれはうれしかった。うれしくないのは、彼がまたもやリーダーシップ研修に参加していた、という事実だ。車を降りて駐車場を歩きながら、この前ボブがああいったリーダーシップ・リトリート（リゾート地など日常生活から離れた場所で、企業や国際機関の幹部などが泊まりがけで集まり、長期的視野に立った議論をすること）に行った後のことを思い出し、サラはますます憂鬱になる。

その年のはじめ、ボブはある研修に参加した。それは、南北戦争中のリンカーンのリーダーシップ・スタイルを探究する、というものだった。案の定、研修から戻ったボブは、その翌月ずっと、チーム全員を「コミュニケーションの名手」に仕立て上げようと躍起になった。オフィスのコンピューター・プログラマーたちが得意とするのは、会話よりも入力だ。そんな彼らにとって、ボブの奮闘がどんなに的外れなものだったか。そのときのことを思い出し、サラは思わず失笑してしまう。幸いにも、ボブのほかのすべての試みと同じく、この取り組みもまた、彼が最高のリーダーは謙虚であれという本を読んだとたん、唐突に終わりを迎えた。おかげで、サラの内気な同僚たちは、次のリンカーンかケネディになれ、というプレッシャーからようやく解放されたのだった。

会社の建物に入ると、ボブのオフィスの前を通らざるをえない。嫌な予感が一段と強まる。はたして、ボブが、まるで彼女が来るのを待ち構えていたかのように、入室するよう手振りで示す。仕方なく、サラは開け放たれたドアの枠に寄りかかる。今月はいったいどんなフレーバーが供されるのやら――内心、そんな皮肉なことを考えながら。しかし、表面上はあくまでも礼儀正しく、リトリートについてボブに尋ねる。

ボブは、その研修が平和で静かな山間の小さな町で行われたことを話すと、さっそく本題に入った。「先週は重要なことを学んだよ。われわれは皆もっと変化に適合する必要がある。ビジネスを成長させるために」。それから、身を乗り出して、サラを真剣なまなざしで見つめながら続けた。「参加者は全員、新しい市場動向にいかにすばやく適応するか、綿密に計画を立てなければならなかった。すると、私たちもほかの皆と同じで、大きな変化にまるで備えられていないってことがわかったんだ。業界をリードしようと思うなら、変化を予想するだけじゃダメなんだ。変化をつくり出す必要があるんだよ」。ボブはさらに10分ほどとりとめもなく話し続ける。が、サラにはもうとっくにわかっていた。これから数週間、ことによると数カ月間、職場で展開されるリーダーシップのバズワードは「変化」だと。

ボブのオフィスを出ると、サラはこの新しい流行語を聞かされた同僚たちの愚痴や不満が早くも聞こえてくるような気がした。が、そこで不意にあることに気づき、サラはボブに対して憐みに近い感情を覚えた。キャリアのほとんどをリーダーとして歩んできながら、彼女の上司の努力の大半は、本などで知ったリーダーたちをひたすら真似ようとすることに費やされているのだから。

ボブのオフィスの本棚には、過去から現在までの政財界の著名なリーダーたちの分厚い本がずらりと並んでいる。そんな彼が大勢の前で話すときには、自社のCEOやメディアに登場したリーダーたちのことばをしばしば引き合いに出す。ときには——たいていは社内でマネジャーやリーダーたちに話すときだ——歴史的リーダーや現代の企業トップに学んだことから「ベスト・ヒット」リストを作成することさえやってのける。リーダーたちは部下に共感を持って接し、創造的で、規律正しく、戦略的で、謙虚で、決断力がなければならない——といった具合に。すぐれたコミュニケーション能力がこのリストにしっかり入っていることは言うまでもない。

ボブは、崇拝するリーダーたちと同じようになろうとすることにキャリアの大半を費やしている。それなのに、その尊敬するリーダーたちがおのおのまったく異なっていることに気づいていない。また、彼は万能なリーダーの完璧な条件リストを熱心に作成しているが、実際のところ、この世の誰ひとりそのリストに挙げられた特質の半分すら備えていないだろう。そして、何より問題なのは、そのことを一番理解できていないリーダーがほかならぬ彼自身ということだ。

あなたならではのリーダーシップを見出そう

「自分の才能を知らず、それを磨く努力をしていない有能なリーダーには会ったことがない」
——北大西洋条約機構（ＮＡＴＯ）軍元最高司令官ウェズリー・クラーク
〈ニューヨーク・タイムズ・マガジン〉より（原注1）

己の才能を知らずして有能なリーダーになることなどまず無理な話だ。人を率いる方法は個人の才能と限界によって大きく異なる。だから、崇拝するリーダーとそっくり同じにならなければ、などと考えてしまうと、重大な問題が発生する。そんなことをすれば、自分に合わない方法を自ら選ぶことになり、成功するチャンスをつぶすも同然になるからだ。

ウィンストン・チャーチルやマハトマ・ガンジーら偉大な歴史的リーダーを見てほしい。彼らには類似点よりも相違点のほうが多いことに気づくはずである――この相違こそが、彼らの特徴であり、ふたりを成功へと導いた要因にほかならない。チャーチルの勇敢で堂々たるリーダーシップは、戦争で荒廃した国民の心を動かした。彼がガンジーの穏やかで静かなアプローチを真似ようとしていたら、あれほどの成功を収めることはなかっただろう。同じように、インド独立をめぐる戦いの最中《さなか》に発揮されたガンジーのリーダーシップは、彼が過去の支配的なリーダーたちを手本にしようとしなかったために、いっそう効果的なものとなった。ふたりとも自分の強みをよく知っており、それを賢く活用したのである。

リーダーたちは、自分にとってきわめて重要なこと――自身の性格のこと――になると、とたんに何も見えなくなりがちだ。政財界のリーダーたちの自己像が現実とかけ離れていることが多いのは、単に彼らが自分の強みと弱みを知らないことに起因している。

こうした認識の乖離《かいり》は、深夜のトーク番組、シットコム（一話完結で連続放映される喜劇テレビ番組）、映画、コメディアンが企むパロディの恰好のネタになっている。しかし、この問題は、周囲が義務感で笑っているだけにもかかわらず、自分にはユーモアがあると思い込んでいる上司というレベルをはるかに超えるものがある。自分の明らかな欠点にまったく気づいていないリーダーに会った経験は、誰にでもあることだろう。われわれには、部下の育成にきわめて長けていると言明するリーダーたちと話す機会がよくあるが、いざ彼らの部下たちにインタビューしてみると、話がまったく違うことのなんと多いことか。な

図表1-1　自分の強みを毎日活かしていますか

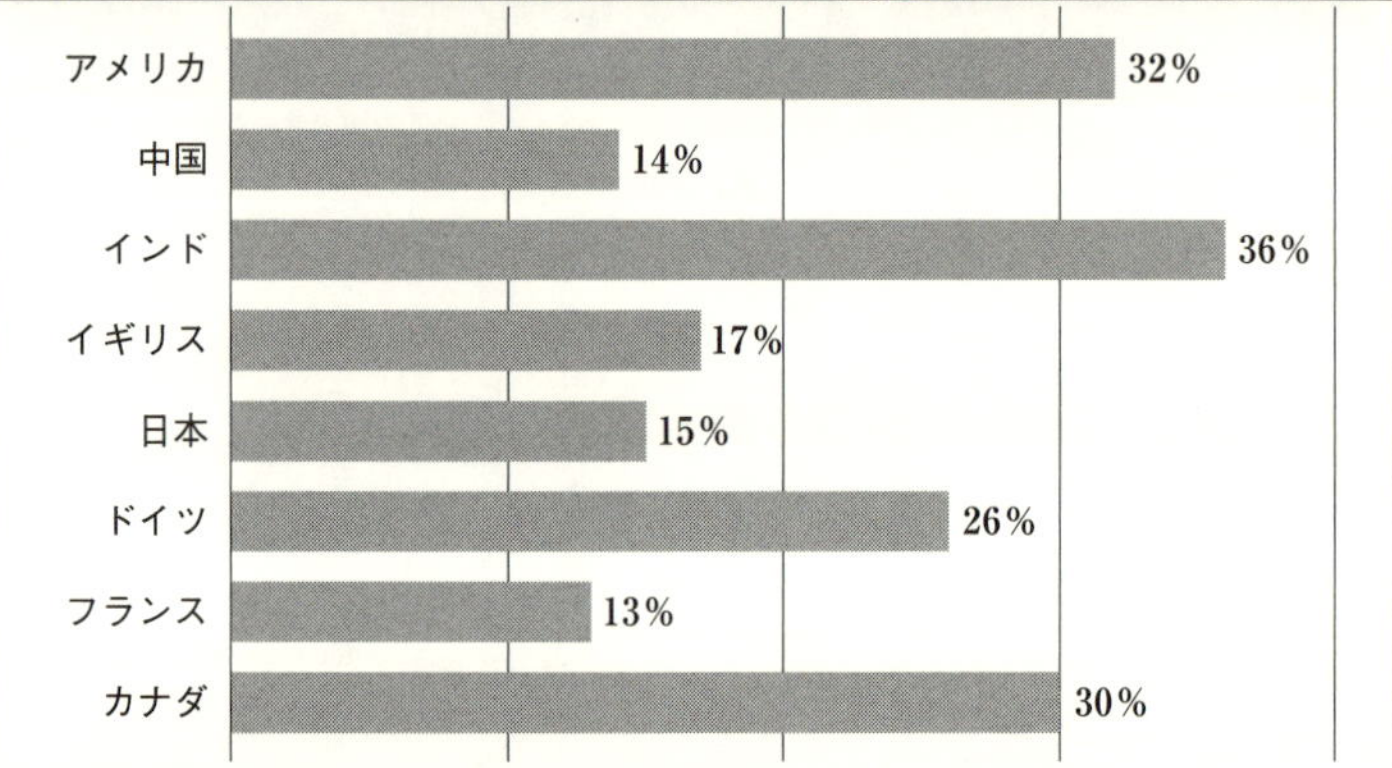

■職場で「最も得意な仕事を毎日する機会に恵まれている」人の割合。
〈ギャラップ〉の2007年度グローバル・クライアント・データベースより。

かには、部下を育成するより部下のやる気をくじくほうが得意なのではないかと思われるような人さえいる。このような自己認識の欠如は、最悪の場合、大勢の従業員に仕事への熱意を失わせ、顧客には不満を抱かせる。過度のストレスが職場以外にまで及ぶという事態を招く。

ここまできわだったものではないにしろ、自分本来の強みがまったくわかっていない人がリーダーになると、ほかにも問題が発生する。残念なことだが、人生において自身が最も成長できる場所を見つけている人は驚くほど少ない。〈ギャラップ〉の２００７年度グローバル・クライアント・データベースを分析したところ、職場で「最も得意な仕事を毎日する機会に恵まれていない」人のほうが圧倒的多数を占める（**図表1―1**）。この問題は世界中いたるところで見受けられる。

リーダーシップの研究者で、強みの心理学の父でもある故ドナルド・O・クリフトン博士がリーダー特有の強みを研究しはじめたのは、この問題がきっかけだった。クリフトン博士は、1960年代初めに、わが社および学会の同僚たちとともに、元国家元首や世界的リーダーを含め、ほぼすべての産業と職業の2万人以上のリーダーにインタビューを行った。

90分にわたるこれらのインタビューは、ひとつひとつ入念に構成されたものだ。ほとんどの場合、多種多様なリーダーたちにまったく同じ質問を投げかけるという形で行われたため、クリフトン博士たちはリーダーたちの答えを並列させて比較することができた。また、この調査に協力してくれた多くのビジネスリーダーたちに関しては、彼らの実績データを入手できたことも役立った。これらのデータをもとにして、最高のリーダーとあまり成功していないリーダーを客観的尺度で比較することもできたからだ。

この研究から、最高のリーダー全員に共通する強みが少なくともひとつぐらいは見つかったのでは、と思われる読者もいるかもしれない。しかし、2003年に亡くなる数カ月前、40年間に及ぶリーダーシップ研究における最大の発見を尋ねられたクリフトンは、次のように答えている。

リーダーは、自分の強みを知る必要がある。大工が自分の道具を知り抜いているように、あるいは医者が医療機器に精通しているように。すぐれたリーダーたちに共通しているのは、それぞれが自分の強みを正確に把握していること——そして、適切なときに適切な強みを持つ人に協力を求めることができることだ。だから、すべてのリーダーを定義する決定的な特質というものはないんだよ。

向上心あふれるリーダーたちが、自分の強みを知ることができたら、それはどれほど役立つか（原注2）——そんな思いから、クリフトンとそのチームは〈ストレングス・ファインダー〉というウェブ・ベースのプログラムを作成した。本書を購入した読者は、この〈ストレングス・ファインダー〉を利用することができる。〈ストレングス・ファインダー〉からは、あなたならではのリーダーシップの基となる強みが見つかるだけでなく、ほかの人たちをその人の持つ強みに基づいて率いる戦略もわかる。**図表1—2**が示すとおり、部下が自分の強みに注目するのを手助けできれば、組織全体への関与を飛躍的に高めることができる（原注3）。

自分の強みを知り、自信を深めることで、よりよい人生を手に入れる

「弱みにばかり注目すると、人は自信を失ってしまう」。ある経営者が言ったことばだ。そもそも、強みではなく弱みばかりを見られていては、自分に自信を持つことは困難だ。そこで、われわれは、強みに基づいたアプローチが人生に影響を及ぼすメカニズムについて、過去10年にわたってさらにくわしく調査してきた。その結果、〈ストレングス・ファインダー〉を利用して自分の強みをよく知れば知るほど、自分の能力への自信が深まることが判明した（原注4）。こうした個人の自信の向上こそ、強みに基づいたプログラムが仕事への熱意と生産性を促進するメカニズムを説明しているのかもしれない。

図表1-2　従業員が仕事に熱意を抱く見込み

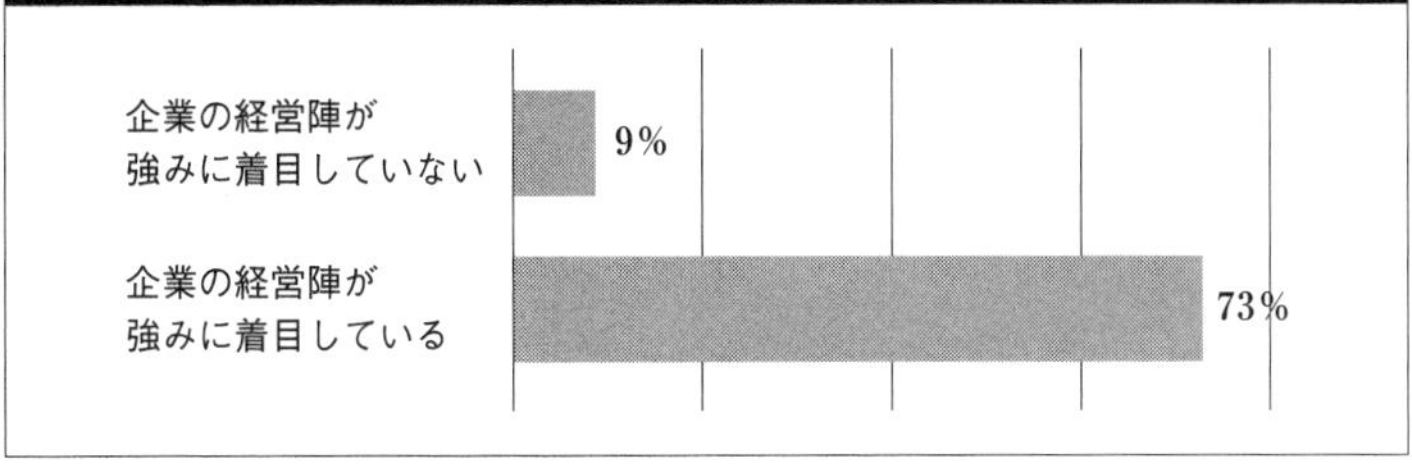

自分の強みを知り、それによって自信を深めることは、その人の人生に長期的な影響を及ぼす可能性がある（原注5）。これは、フロリダ大学のティム・ジャッジが２００８年に実施した画期的な調査によって判明した事実だ。ジャッジと彼の同僚のチャーライス・ハーストは、１９７９年の最初の調査で、14歳から22歳の男女７６６０人の自己評価を調べた。その後、この７６６０人の協力者たちを25年間にわたって追跡し、２００４年に再度調査（仕事の成功、仕事上の地位、教育および健康に関する質問を含む）を行ったのだ。

ジャッジとハーストはこの25年間の長期的な調査からきわめて重要な発見をする。１９７９年に自分の能力に強い自信を持っていた人たちは、２００４年の再調査時において収入と仕事への満足度が高かったのだ。しかし、次の事実はそれ以上に衝撃的だった。１９７９年に自分の能力に強い自信を持っていた人たちの収入が、そうでなかった人たちと比べるとまったく異なる勢いで増えていたのだ。

最初の調査当時（１９７９年）、自分の能力に強い自信を持っていた人たちの平均収入は、持っていなかったグループをわずかに――年に３４９６ドル――上回っていただけだった。が、この差は毎年広がり続け、２００４年以降の追跡調査では、若いとき（14歳から22歳）に強い自信を持っていたグループの平均年収は、そうでなかったグループよりも、実に1万2821ドルも高くなっていたのである。つまり、1979年に自分の能力に強い自信を持っていた人たちは、その後もずっと自分たちの突出した優位性から毎年利益を得続けた、ということだ。

収入と仕事のメリットに加えて、ジャッジとハーストは若いときの自信と肉体的健康の関係についてさらに驚くべき事実を発見した。調査には、仕事の妨げになる健康問題がいくつあるかという質問が含まれていたが、この質問に対する答えは、1979年に自分の能力に強い自信を持っていなかったグループの場合、25年後の2004年には約3倍になっていた。しかし、1979年に強い自信を持っていたグループは、信じられないことに、25年前より減っていたのだ。

これらの結果から、自分の強みを知り、若いうちに自信をつけた人たちは、生涯にわたって大きくなり続ける「累積的優位性」を手に入れていると考えられる（原注6）。また、われわれが行った予備的分析（ジャッジとハーストの調査と同じ長期調査対象者を使ったもの）からは、「職場で自分の強みを活かす機会に恵まれている」と語った人たちもまた同じようなメリットを得ていることがうかがえる。さらに、われわれの調査チームは、自分の強みを活かす機会に早くから（15歳から23歳）恵まれた人たちの仕事の満足度と年収レベルは、25年経ってもきわめて高いことを発見したのである。

この結果からは、リーダーが自分の強みを知っていることの価値と、リーダーができるだけ早い時期に、ほかの人たちに自分たちの強みに気づかせることの重要性がよくわかることだろう。ひとりひとりがこの累積的優位性から恩恵を受けることができるよう組織のリーダーが支援すれば、個人も組織もより急速な成長を遂げる見込みが高くなる。また、これらの調査はひとつのメカニズムをも明らかにしている。このメカニズムを通して真に強みを基盤とすれば、その組織は今後数十年間、それまでとはまったく異なる勢いで成長することが可能になるということだ。

Ⅱ

チームの力を最大限に活かす

有能なリーダーは、適切な人材を自分のまわりに配置し、それぞれの強みを足がかりにして目標を達成する。しかし、ほとんどの組織は、経営陣の顔ぶれを、意図的にというよりも、なりゆきで決めている。われわれが調査を行ったエグゼクティブ・チームでは、メンバーはおもに知識や能力に基づいて選定され、昇進を査定されていた。それゆえ、最も優秀な販売員が、人の管理に長けていないのに販売部長に昇進したり、情報技術（ＩＴ）に最も秀でている人が最高情報責任者（ＣＩＯ）になったりすることがある。あるいは、財務のトップ・エキスパートが最高財務責任者（ＣＦＯ）に昇進したりすることも。

いまいるメンバーの強みを補完できるから、という理由でエグゼクティブ・チームに加えられる人は、ほとんどいない。あなたは、「必要なのは技術的な能力だけじゃない。グループ内の人間関係を強化できる能力も備えた人材だ」とリーダーが話すのを聞いたことがあるだろうか。あるいは、「チーム全体の代表としてまわりの人間を動かせる人材」について話すのを聞いたことは？　圧倒的多数の場合、人材は仕事の内容に応じて起用される――個人の強みを一顧だにすることなく。

あまつさえ、たとえリーダーたちが実際に強みに基づいて人材を起用したとしても、自分と同じように行動し、考え、ふるまう人たちを選ぶことがあまりにも多い（ほとんどの場合、自分では気づいていないのだが）。これは、昔から繰り返されているジレンマだ。独裁的なＣＥＯが自分と同じような経歴と性格のイエスマンばかりを取り立てている会社が、はたして、成長、適応、変化を遂げることができるだろうか。

イスラエルのシモン・ペレス大統領は、われわれとのインタビューで、この問題について次のように述べている（原注1）。

考えなければならないのは、その人の見かけではなく、潜在能力だ。隠れた可能性を発見できたら、組織を大きく変えることができる。忠誠心とすぐれた才能は切り離して考えることが重要だ。たいていのリーダーは、すぐれた才能よりも忠誠心を好む。有能な人材をそばに置くことで、自分の存在がかすんでしまうことを恐れるからだ。私の考えは彼らとは違う。

さらにこう続けた――重要なのは、首脳部に有能な人材を起用して、その人が自分の持つ強みをもっとよく知ることができるように力を貸すことだ、と。

すぐれたチームに共通する４つの条件

われわれは、長年にわたって何千ものエグゼクティブ・チームを調査してきた。これらの調査では、ほとんどの場合、リーダーシップ・コンサルタントがチームの正式なリーダー（たいていはＣＥＯ）に深層インタビューを行い、そのチームのメンバーひとりひとりからも話を聞いた。そうすることで、

図表2-1　リーダーシップの4つの領域

実行力
影響力
人間関係構築力
戦略的思考力

おのおのの強みを対比し、それぞれの成長と後継者の育成について――そして、これが最も重要なことだがチーム全体がどう見えるかについて――考えられるようになるからだ。

多くの経営陣を調査するうちに、メンバーひとりひとりが独自の強みを持ち、最もまとまりがあって、成功しているチームでは、メンバーの強みが広範にわたっていることがわかってきた。そこで、この調査を過去から現在にいたるまで徹底的に見直した結果、リーダーシップの4つの領域が明らかになった。実行力、影響力、人間関係構築力、戦略的思考力の4つだ（**図表2―1**）。

これらのカテゴリーは、見てのとおり、いかにも漠然としている。〈ストレングス・ファインダー〉で定義されている資質（くわしくは、第Ⅳ部を参照）と比較すると、なおのことだろう。しかし、われわれは、この広範な能力のカテゴリーからリーダーがチームに貢献できる方法を考えることができるかもしれない、と思いついた。なるほど、個人が読んで自分を成長させるには、詳細な説明が一番効果的かもしれない。しかし、チームの構成を考察するには、これらの広範な領域を通して見たほうがより実用的だろう。

その結果、この4つの領域の力が組み合わさると、チームに非常によい効果を及ぼすことがわかった。ひとりですべてをこなそうとする絶対的なリーダーや、同じような強みを持った個人たちではなく、4つの領域すべての力の組み合わせによって、団結力のある強固なチームができあがるのである。ひとりひとりが万能である必要はない。それでも、チーム自体は万能であるべきなのだ。

だからといって、チームのメンバーひとりひとりの強みがひとつのカテゴリーに集中している必要はない。実際には、メンバーのほとんどが複数の領域にまたがる強みを備えていることになるはずだ。では、こうしたメンバー全員がグループ全体の目標に最大限に貢献できるようにするにはどうしたらいいか。その方法を知るには、〈ストレングス・ファインダー〉のようなツールが有用だ。われわれが行った最新の研究——統計的な要因分析と臨床評価に基づいたもの——によると、〈ストレングス・ファインダー〉の34の資質は、このリーダーシップの4つの領域に自然に分類される（**図表2—2**）。自分がどのようにチームに貢献できるか、さらに自分のまわりに誰を起用する必要があるかを考えるときには、この表がいいヒントになるかもしれない。

実行力に該当する資質がきわだっているリーダーは、物事を成し遂げる方法というものを知っている。何かを解決する必要があるとき、根気強く努力してやり遂げてくれるのがこの人たちだ。何かを実現する力のあるリーダーは、アイデアを「つかまえて」現実のものにすることに長けている。

たとえば、〈慎重さ〉や〈規律性〉などにすぐれたリーダーは、質の高いプロセスを確立することに長けており、〈達成欲〉の資質がきわだったリーダーは目標に向かってひたすら邁進する。〈アレンジ〉の資質を持つリーダーなら、任務の完了に必要な人たちの最適な配置を考えるだろう。

図表 2-2　34の資質の分類

実行力の資質	影響力の資質	人間関係構築力の資質	戦略的思考力の資質
アレンジ	活発性	運命思考	学習欲
回復志向	競争性	共感性	原点思考
規律性	コミュニケーション	個別化	収集心
公平性	最上志向	親密性	戦略性
慎重さ	自我	成長促進	着想
信念	自己確信	調和性	内省
責任感	社交性	適応性	分析思考
達成欲	指令性	包含	未来志向
目標志向		ポジティブ	

影響力で統率するリーダーは、チームの言い分をより広く外部に知らしめようとする。この領域の強みを持つ人たちは、常に組織内外にチームのアイデアを売り込んでいる。主導権を握り、はっきりと意見を表明してくれる人が必要なとき、さらにグループの主張をまわりに確実に聞いてもらいたいときには、きわだった影響力を持つ人を探すといい。

たとえば、〈指令性〉と〈自己確信〉に満ちたリーダーは、言葉数こそ少ないかもしれないが、自信に裏打ちされた堂々たる態度で人々の支持を獲得する。反対に、〈コミュニケーション〉や〈社交性〉の資質を活かすリーダーは、ひとりひとりの緊張をほぐし、目の前の問題に親しみを覚えさせることによって、人を引き込むことに長けている。

人間関係構築力で統率するリーダーは、チームをまとめる、なくてはならない存在だ。この領域の強みを欠いたグループは、えてして単なる個人の寄せ集めになってしまう。逆に、リーダーが傑出した人間関係構築力を持っていると、そのグループは、メンバーたちの才能を合わせたよりもはるかに大きな力を発揮することができるようになる。

この人間関係構築力の領域では、〈ポジティブ〉や〈調和性〉の資質を備えたリーダーが、混乱を最小限にとどめ、チーム全体のエネルギーを高く保てるよう力を尽くす。一方、〈個別化〉の資質を持ったリーダーは、個人に合わせたアプローチで仕事に取り組ませる。〈親密性〉や〈成長促進〉の資質がきわだっているようなら、すぐれた助言者やメンターとして、より大きな、より充実した成果へと皆を後押しするだろう。

すぐれた**戦略的思考力**を備えたリーダーは、あらゆる可能性に目を向けさせる。また、たえず情報を取り入れ、分析し、チームがよりよい決断を下せるよう協力を惜しまない。常に先を読み、それに合った筋道を考えるよう導いてくれるのも、この領域の強みを備えたリーダーたちだ。

戦略的思考力の領域では、〈原点思考〉や〈戦略性〉の資質を活かすリーダーが、過去の出来事が現状に及ぼしている影響を巧みに説明したり、将来起こりうることへの最善の道筋を示したりすることだろう。きわだった〈着想〉や〈収集心〉の資質を持つリーダーなら、あらゆる情報を検討し、そのなかから数えきれないほど多くの発展への機会を見出すはずだ。あるいは、〈分析思考〉の資質にすぐれたリーダーが、原因と結果を細部まで探ることができるようにまわりに手を貸すこともあるだろう。

リーダーシップの実例を見る

　ここ数年、われわれはさまざまなリーダーを調査してきた。すばらしい学校を建てたリーダーもいれば、大規模な非営利団体を立ち上げたリーダー、大企業を統率するリーダーや、国全体を変革したリーダーもいた。しかし、強みの優位の順番がまったく同じリーダーはこれまでふたりといなかった。目標をまったく同じくするリーダーはいても、その達成方法は、常におのおのの強みの組み合わせによって決まるのである。

　このようにすぐれたリーダーシップにはさまざまな形がある。そのことを示そうと考えたわれわれは、インタビューを行ったトップ組織のリーダーたち数人にある依頼をした。彼らの強みと体験を共有させてもらえないかと頼んでみたのだ。こうして選ばれた4人のリーダーは、4つの領域それぞれのリーダーシップを確実に備えていた。次のセクションを読めば、これらのリーダーの強みが、彼らが体現する領域に複数存在していることがわかるだろう。

　次の4つのセクションでは、彼らが組織を発展させる際に、自分のきわだった強みをどのように活用したかを説明する。協力してくれたのは、1900年代を代表する伝説的な非営利団体の創設者兼CEO、どこよりも世評の高いブランドを持つ企業の社長、世界有数の大銀行の頭取、世界最大の家電量販店のCEOである。彼らの話を聞けば、組織の同じトップといえども、この4人のリーダーたちの資質がそれぞれまったく異なることがよくわかるはずだ。

実行力――ウェンディ・コップの場合（図表2―3）

ウェンディ・コップ（ティーチ・フォー・アメリカ創設者兼CEO）
5つの強み＝競争性、親密性、**責任感**、戦略性、**達成欲**（太字は実行力の資質）

ウェンディ・コップは、プリンストン大学の4年生になると、卒業後に何をするかということばかりを考えて過ごすようになった（原注2）。当時の彼女にとって、自分で事業を立ち上げること――ましてや全国的なムーブメントを起こすことなど、思いもよらないことだった。そんな彼女があるトピックに興味を引かれたのは、卒業論文のテーマを探していた1988年の終わりごろのことだ。教育の不平等。彼女はこのテーマに大いに興味を覚える。

プリンストン大学在学中、コップはあることに気づいていた。あれほどのエリート大学のなかですら、学生がふたつのグループにはっきりと分かれているのだ。ひとつは東海岸の一流プレップ・スクール（一流大学進学の準備教育をするエリート私立高校）出身者で、彼らはしばしば、プリンストンでの勉強を「楽勝」と評していた。もうひとつのグループは都会の公立高校出身者で、アイビー・リーグ大学の課題をこなすのに四苦八苦していた。コップは思う――プリンストンでさえこれほど格差があるのなら、アメリカのほかの地

図表 2-3　実行力の資質

アレンジ	公平性	責任感
回復志向	慎重さ	達成欲
規律性	信念	目標志向

域ではもっとひどいに違いない。

彼女はさっそく学友を集め、もっと視野を広げてこの問題を議論することにした。なぜこれほど多くの子どもたちが、しかるべき教育を受ける機会を得られずにいるのか。いざ議論が始まると、教えることに関心を持っている学生が実に多いことが判明した。さらに、このような希望が多いにもかかわらず、トップ大学の学生たちをその職業に誘導する仕組みが——特に教師不足がきわめて深刻な問題となっている都市部に——存在しないという現状も。

このとき、コップの〈責任感〉の資質が頭をもたげる。何とかしなければと感じた彼女は、この憂うべき問題の解決方法を考えはじめる。そして、ジョン・F・ケネディ大統領が1961年にはじめた平和部隊《ピース・コープ》（若者が開発途上国で援助活動などにあたるボランティア組織）からヒントを得て、全国的な〈ティーチャー・コープ〉（教師部隊）の設立を思い立つ。理想主義に燃える若者たちのご多分にもれず、ウェンディ・コップもまたジョージ・H・W・ブッシュ大統領に手紙を書いた。大統領に自らこの新しい団体をつくってはどうか、と提案したのだ。同時に、卒業後間もない学生が貧困地区で2年間教えることも推奨した。ホワイトハウスからの返事はなかった。

彼女の次の行動がなければ、この壮大なアイデアも、実を結ばずに終わる何百万というすばらしい思いつきのなかに埋もれてしまっていただろう。しかし、何でも自分でやらなければ気がすまない、並外れて行動的なこの大学生はこう決めたのだ。大統領がつくらないのなら、この全国的な〈ティーチャー・コープ〉を自分でつくろう、と。教育の不平等を卒業論文のテーマに取り上げると同時に、彼女は教師の全国的団体の設立に必要なことを調べはじめる。その過程で、〈ピース・コープ〉設立に関するケネディ大統領への勧告書を見直していると、大統領顧問が書いた1枚の文書を見つける。そこには、緊急性と国家的な重要性を伝えるためには、〈プロジェクトの初日に〉最低500人を動員する必要がある、と書かれていた。そこでコップはきわめて大がかりな目標を打ち立てる。全国的な〈ティーチャー・コープ〉という夢の実現に向けて、最初の年に新団体のメンバー500人を見つけるという一大目標だ。

次に、必要な資金の計算に取りかかった。2年間ボランティアをしてくれる成績優秀な学生を集めるには、いったいいくら必要なのか。最初の年だけで250万ドル――それがこのプロジェクトを立ち上げるために最低限必要な金額だった。大変な計画であることはわかっていた。が、いま行動を起こさなければ、という責任感が彼女を突き動かす。コップの卒業論文の指導教官は、この数字を告げられると思わずこう叫んだという。「たとえ2500ドルだって、集めるのがどんなに大変なことか、君はわかっているのかね?」。実際のところ、コップにはそれがどれほど大変なことかわかっていなかった。ほどなくそのことを思い知ることになる。

が、それはのちのこと、彼女はまずこの活動の中心となるチームづくりに取りかかる。集めた学生に研修を施し、この強気な資金調達目標を実現してくれるチームが何としても必要だった。しかし、きわめて優秀な知り合い数人の協力は得られても、さらにこの資金不足のスタートに参加してくれるよう説得するのは至難の業だった。その後1年、コップのチームは想像を絶する難題に次々と見舞われ、一度ならず中止寸前まで追いつめられる。それでも、偉大な〈達成欲〉の持ち主はどこまでも諦めなかった。

困難に輪をかけたのが、応募者の選抜だった。最初に500人の教師を集めることを本気で目指していたものの、志願者を全員受け入れる、という考えはコップにはなかった。彼女は、〈ティーチ・フォー・アメリカ〉と名づけたこの新しいプログラムを、厳しい選抜制にしたかったのだ。つまり、500人の選りすぐりの卒業生を採用するために、2500人以上の応募者の募集、インタビュー、選抜をコップの団体が一手にこなさなければならなかったのである。新たに設立するこの団体には、派遣先の学校に直接インパクトを及ぼすことができる卒業生を採用する責任がある。コップはそう考えていた。

気が遠くなるような一連の作業も、彼女の並外れた決意と実行力を阻むことはなかった。コップがプリンストンを卒業してから1年後の1990年4月、〈ティーチ・フォー・アメリカ〉の最初のメンバー500人が、養成研修のために南カリフォルニア大学に集結する。コップは、250万ドルを集め、ゼロから団体をつくり上げることに成功したのだ。しかもたった1年の準備期間で。

その後、コップが卒業論文に描いたシナリオに沿うかのように、国がこの力強いスタートに目を留めた。彼女の取り組みは〈グッド・モーニング・アメリカ〉（米国ABCテレビの朝の情報番組）と〈タイム〉誌で紹介され、さらに〈ニューヨーク・タイムズ〉紙は「プリンストン大学生のひらめき――ピース・コープの教師養成版」という見出しでこの活動を取り上げた（原注3）。〈ティーチ・フォー・アメリカ〉は初年度からめざましい成功を収めた。が、コップは新たな責任感に駆られていた。今度はこの団体を今後も持続させ、長期的な成功へと導かなければならない。

２００８年、われわれはウェンディ・コップを再訪し、改めて話を聞いた（原注4）。立ち上げからほぼ20年が経過した〈ティーチ・フォー・アメリカ〉の近況を知るためだ。同団体のニューヨーク本部に入ると、オフィスの雰囲気は小規模だった活動開始時のままで、相変わらず世界を変えようとする気概に満ちていた。建物内は狭い部屋を走りまわる若者たちの活気にあふれ、仕切られた小さな個室と木の机がところ狭しと並んでいた。間に合わせのトイレでは、給湯器の上にトイレットペーパーがおかれていた。２００８年になってさえ、〈ティーチ・フォー・アメリカ〉のつつましいオフィスの風景は、前世紀を代表するようなすばらしいスタートを切ったということで、いかにも人が想像しそうな組織のそれではなかった。

コップと話をしてみると、この並外れた行動主義者が相変わらず精力的に活動していることがよくわかる。４人目の子どもの出産予定日を数日後に控えているにもかかわらず、まだ〈ティーチ・フォー・アメリカ〉でフルタイムの仕事をこなしているというのだ。体調がよくないのは誰の目にも明らかだったが、彼女は仕事のペースをゆるめようとはしていなかった。そのまなざしと声に込められた情熱からは、現状に完全に満足していないことが見て取れた。

いまでこそ、資金も応募者の流れも安定し、活発になったものの、〈ティーチ・フォー・アメリカ〉を立ち上げることがいかに困難だったか語るなかで、何より苦労したのは「才能を見つけること」だった、とコップは言う。団体を継続的に発展させるためには、自分の周囲に最高の教師、最高の資金調達者、最高の将来のリーダーたちをそろえなければならない。そんな彼女にとっては才能こそが鍵だった。なぜなら、才能は「ほかの問題をすべて解決してくれる」からだ。

コップが必要な人材たち――〈ティーチ・フォー・アメリカ〉を拡張するだけでなく、国全体に対するインパクトを生み出すこともできる人材たち――を見つけたことは明らかだ。それは、われわれがこの困難な仕事の成果について尋ねたところ、1億2000万ドルという、本年度の途方もない資金調達目標を明かしてくれたことからも容易に想像できる。そればかりか、前年度の〈ティーチ・フォー・アメリカ〉の応募者はとうとう2万5000人を超え、アメリカで最難関の――アイビー・リーグの卒業生にとってさえ狭き門の――就職先のひとつとして知られているという。2005年には、イエール大学の卒業生の8人に1人が〈ティーチ・フォー・アメリカ〉に応募しており、毎年、何千人もの学生が、ゼネラル・エレクトリックやゴールドマン・サックスをはじめとする一流企業の数十万ドルの年収を蹴って、インナーシティ（都市中心部に存在する低開発地域）の学校で2年間子どもたちを教えているのである（原注5）。

しかし、それ以上にすばらしい遺産《レガシー》になりそうなものが、〈ティーチ・フォー・アメリカ〉の卒業生から誕生する将来のコミュニティー・リーダーたちだ。今日の最も聡明な若い政治家、実業家、学校の教育長の多くが、コップがつくった団体で自らのキャリアをスタートさせている。われわれがインタビューしたワシントンDCの元メンバーによると、同市の学校システムのトップとそのスタッフの半分を〈ティーチ・フォー・アメリカ〉出身者が占めているという。このような状況にもかかわらず、リーダーとして残す遺産について尋ねられたコップは、明らかにまだそんなことまで考えていないようだった。おそらく、事を起こすことに忙しすぎて、自分の哲学に磨きをかけるまでにはいたっていなかったのだろう。

そんな彼女の性格がよくわかったのは、時間の優先順位について尋ねたときのことだった。このときは即座に答えが返ってきた。毎年初めに、この先1年のあいだに達成すべきあらゆることについて、きっちりとしたリストをつくっているという。そのリストを月と週ごとに分割し、さらに週のリストから1日の「やることリスト」を作成して、それを厳格に実行する。この「体系化された」作業の全容を説明する彼女は、皆も当然同じことをしていると思い込んでいるようだった。つまるところ、この程度の体系化は、彼女にとって当たり前のことなのだ。「あれなしでは生きていけないわね――少なくとも、あのシステムがなかったら、この仕事はできないでしょうね」そうコップは語った。

コップの話を聞いていると、〈ティーチ・フォー・アメリカ〉のめざましい成功には、彼女の優位を占める5つの強みがかかわっていることが明らかだ。すべての子どもたちにもっとよい教育を受ける権利がある、と語るときの彼女は、明らかに〈責任感〉の資質に突き動かされている。ある〈ティーチ・フォー・アメリカ〉の卒業生は言う。「ウェンディが伝えているのは、教育機会の平等というビジョンだけじゃないわ。何か行動を起こさなければ、という責任感も伝えてるのよ。ただ最高の新人教師になるだけではダメなの。生徒のためにもほかの先生たちと競争して勝つこと以外、道はないのよ」

表面的にははっきりと見えていなかったコップの〈競争性〉の資質だが、それは生徒のために「勝つこと」というこの表現に端的に表れている。しかし、彼女の場合、〈競争性〉の資質は、個人的なものというよりも、もっと組織的で社会的なものだ。彼女は自分の団体が学校に派遣した教師たちが、従来の制度で採用された教師のトップたちよりも勝るように、全身全霊で戦っているのだ。

われわれが調査したすべてのリーダーのなかで、ウェンディ・コップは、〈達成欲〉といううきわだった強みを武器にして、それをこれまでずっと活かし続けている最高の手本といえるだろう。全国的なムーブメントをたった1年でゼロから起こした緻密な仕事リストからもわかるように、コップほど事を起こす能力に長けている人はいない。〈ティーチ・フォー・アメリカ〉に参加した学生の数は、すでに300万を超えている。それでも、コップは休もうとしない。それは世界中のすべての子どもたちがすぐれた教育を受けられるようになるその日が来るまで続くことだろう。

影響力——サイモン・クーパーの場合（図表2—4）

サイモン・クーパー（ザ・リッツ・カールトン社長）
5つの強み＝アレンジ、**活発性**、**最上志向**、**自我**、**社交性**（太字は影響力の資質）

2001年にザ・リッツ・カールトン・ホテル・カンパニー社長に就任したとき、サイモン・クーパーはある特殊な課題に直面した。前出のウェンディ・コップは事実上ゼロから団体をつくらなければならなかったわけだが、クーパーのやるべきことは、世界有数の偉大なブランドをさらなる高みへ

図表 2-4　影響力の資質

活発性	最上志向	社交性
競争性	自我	指令性
コミュニケーション	自己確信	

と引き上げることだった。どちらが困難か、という点では議論の余地があるだろう。しかし、失うものはクーパーのほうが大きかったことだけは間違いない。

〈リッツ・カールトン〉は、当時すでに確固たるブランドの地位を築いていた。ティッシュペーパーといえばクリネックス、というように、贅沢《ラグジュアリー》といえば、人々は〈リッツ〉を思い浮かべた。従業員たちは会社に満足しており、顧客たちはホテルに強い愛着を持っていた。クオリティーの高さはビジネスのほぼ全域に深く浸透しており、ホテルに寄せられる期待はきわめて高かった。さらに個人に目を向ければ、クーパーはカリスマ的リーダー、ホルスト・シュルツの後任者だった。シュルツといえば、それまで20年近くにわたって、〈リッツ・カールトン〉のブランドそのものだった人物だ。〈リッツ・カールトン〉の従業員にしてみれば、シュルツは「神のような存在」だった、とクーパーは言う。つまるところ、この由緒正しきブランドはまさに全盛期にあり、下がる以外、進む道がほとんどない、という状況に直面していたのである。しかし、一流から超一流へとさらなる高みを目指すこと――〈最上志向〉――の資質の持ち主をこれ以上やる気にさせる状況もほかになかった。

クーパーと同じ部屋にいると、アウトドア派の日焼けした肌から、彼のパワーがこちらにまで伝わってくるかのように感じられる（原注6）。ロンドン近郊で生まれたクーパーは、チャーター・ヨットの操縦で生計を立てていたことがあり、さらに45歳まではタフなラガーマンだった（原注7）。長身のがっしりしたその体格からは、いまも往年のアスリートの面影がはっきりと見て取れる。それでいて、その声とアクセントは彼が率いるブランドのごとく洗練されており、その外面の優雅さからは内に秘められた自信と情熱をうかがい知ることはできない。彼をよく知るようになるまでは。

２００１年に〈リッツ・カールトン〉の実権を握るや、彼は自分の足跡を残そうと心に誓う。〈自我〉を強みとする多くのリーダーと同じように、彼もまた、前任者に倣うつもりは毛頭なかった。そこで、他人と同じことをするつもりがない、ということを、就任当初からはっきりさせていたという。新たにリーダーになった者が前任者に倣っていては確実に失敗する、と考えてのことだった。確かに前任者は広く崇拝されていたが、彼のふりをすることなど誰も望んでいないことをクーパーは知っていた。自分たちのブランドはリーダーのパーソナリティーをはるかに超えて発展していかなければならない、ということも。

サイモン・クーパーは、すでに絶頂にあるブランドを変革するのではなく、〈リッツ・カールトン〉の世界的な影響力のさらなる拡大を目指した。そこで、手始めに顧客たちからすでに愛されているものを調べて、それを最大限に活用することにした。ブランドの長所を足場にすることが鍵だと考えたのだ。その結果、すぐに、顧客たちが〈リッツ・カールトン〉に滞在する理由は絶対的なものではないことに気づく。それでも彼らはいつも〈リッツ〉に戻ってくる。ほかの半額のホテルを常宿にするなどいともたやすいことなのに。クーパーは、〈リッツ〉だけが顧客に提供できる宿泊経験についてさらに精査した。

顧客のブランドへの愛着を調べたクーパーは、彼らの〈リッツ〉の印象の90パーセントが感情面に根差している、と判断する――つまり〈リッツ〉の従業員たちが宿泊客と接するたびに「ブランドの魅力を高めている」のだ。クーパーは次のように言っている（原注8）。

記憶をつくるのは人なんだ。モノじゃない。客室のカーペットが何色だったか尋ねてもお客さまにはおそらくわからないだろう。真の価値は、ホテルの魅力を高めている紳士淑女たち（従業員たち）が生み出してるんだよ。10パーセントはハードの部分（モノ）から成り立っているかもしれないが、残りは人によってつくられるんだ。

クーパーが現場の従業員と接するのを何より好むのは、おそらくこのためだろう。現場を視察中、彼は決まって宿泊客が好んで購入するものを従業員たちに尋ねる。しかし、その答え――たいていは部屋や食事のサービス、スパ――をメモしながらも彼の意図は別にある。だから次の質問はいささか変わっている。「じゃあ、お客さまがお金を出しても買えないものは？」

これぞ、クーパーが考える〈リッツ〉の核となるバリュー・プロポジション（価値提案。顧客に提供できる本質的価値）だ。笑顔、人間関係、まごころのこもったサービス――顧客の大半にとって欲しいものが何でも買える環境のなかで、リッツ・カールトン・ブランドと顧客の真のつながりを形成しているのは、こうしたお金では買えないものだ。クーパーは言う、だから従業員にはホテルへの忠誠心ではなく、こうした真のつながりを育む能力に応じて給与を支払っている、と。なぜなら、彼らの仕事とは宿泊客ひとりひとりの「心をつかもうとすること」だからだ。彼らにそれができるなら、彼の呼ぶところの「生涯顧客」を遺産《レガシー》として残したいとクーパーは考えている。

　ここでまた彼の最もすぐれた資質である〈最上志向〉がその力を遺憾なく発揮する。クーパーは〈リッツ〉の有名な宿泊経験をかつてないレベルへと高めることを決意する。われわれの最初の調査によると、〈リッツ・カールトン〉の従業員の仕事への熱意の高さは、そもそも世界的なデータベースの上位4分の1に入っていた。しかし、この数字を最低基準と考える〈リッツ〉経営陣にとって、この結果は「満足」というには程遠かった。そこで、顧客の愛着《エンゲージメント》を評価する項目では、〈リッツ〉はさらにハードルを上げた。世界中にあるリッツ・カールトン・ホテルの大半が、〈ギャラップ〉のエンゲージメント・データベースで95パーセンタイル（百分位数。計測値を小さいほうから並べて、それ以下の値が全体の何パーセントを占めるかで示した数値）――大多数の企業が世界一流と見なすレベル――を上回っているにもかかわらず、98パーセンタイルから99パーセンタイルに入ることを目指したのである。94パーセンタイルから95パーセンタイルにいる企業は「危険」領域にあると見なされ、96パーセンタイルか97パーセンタイルは「要注意」、そして98パーセンタイルに達した企業だけが「良好」と評価される。顧客のブランドへの愛着に関するかぎり、クーパーと彼のチームは新しいゴールド・スタンダードを定めることに決めたのだ（原注9）。

　サイモン・クーパーが打ち出したふたつ目の大きな構想も、生涯顧客をつくるためのものだった。ただし、こちらのほうは、もう少し直接的なやり方ではあったが。周囲の抵抗にあいながらも、クーパーは、〈リッツ・カールトン〉のプライベート・レジデンスと分割所有権の販売を開始することを主張したのだ。このコンセプトが２００２年に発表されると（原注10）、〈ウォール・ストリート・ジャーナル〉紙をはじめ、多くがこの決断に疑問を呈した。いわばイコンのような〈リッツ・カールトン〉のロゴがレジデンスやタイム・シェア（リゾート・ホテルやコンドミニアムの部屋を、設定された期間使用できる権利を購入する制度、またはその物件）に冠されてはブランドの価値が低下してしまう、と危惧したのである。しかし、クーパーはまったく耳を貸そうとしなかった。

このコンセプトを世界に売り込むにあたって、彼は絶対の自信を持っていた。最低でも2500万ドルはするレジデンス――入居者たちは社会的地位のある者や著名人たちだ――が「リッツ・カールトンのイメージ」を傷つけるわけがない。2002年のインタビューで、ニューヨークのバッテリー・パーク・ホテル上階の11戸のレジデンスについて質問されると、彼はすかさずそう説明した（原注11）。結果として、この「リッツ・カールトン・レジデンス」と「リッツ・カールトン・クラブ」（ともにフラクショナル・オーナーシップ――分割所有制度による）は、2008年までに世界40カ所以上で新たに計画され、最も急成長を遂げた事業部門となった。そして、その財務的な成果によって証明されたように、この構想はその後も継続的に発展し、同社の華やかな歴史で最も成功を収めた決断のひとつとなったのである。

輝かしい業績を達成したものの、クーパーにしてみれば、これだけでは世界に大きな印象を与えたいという欲求を満たすには不十分だった。2008年のインタビュー時、クーパーが財務上の成功よりも、〈リッツ・カールトン〉の世界的な影響をより誇りに思っていたことは明らかだ。彼は、国王や国家元首とのエピソードを、彼らがさも旧知の友人であるかのように気軽な様子で話し、先ごろ滞在したロックスターで慈善家のボノに、客室係のスタッフたちといっしょに朝礼に参加するよう頼んだ話を、いかにも愉しそうに披露してくれた。このようなちょっとしたことで相手の心をとらえることを、彼がどれだけ誇りに思っているか。それがよく伝わってきた。

〈リッツ・カールトン〉を率いてまわりに及ぼしているクーパーの影響力――そのことに関する彼自身の考え方、そのスケールの大きさはたいていの経営者の理解をはるかに超えている。彼の影響力とは、ただ世界有数の偉大なブランドを至上の発展に導いたことや、わずか7年のうちに〈リッツ・カールトン〉のホテル数を倍にしたことにとどまらない。収益、サービスの質、または従業員と顧客とのつながりにおいて大きな成果をあげたことにも。

まわりに影響を与える彼の才能は、それよりももっと大きな目的に発揮されている。4万人以上の従業員の家族の幸福を担う企業の運営、という目的に。アジアでは、たいていの場合、現場の従業員ひとりひとりに支払われる給与だけで一家全員が暮らしていける。クーパーがそう話すとき、彼の〈自我〉の資質がひしひしと伝わってくる。また、ペルシャ湾岸では〈リッツ・カールトン〉の仕事でひとりの客室係の生活がどれほど大きく変化するかを話すときには、彼が次のように自覚していることが強く感じられる。たとえ一度にひとりにしろ、自分には世界を変える力があるのだ、と。

人間関係構築力──マーヴィン・デイヴィスの場合（図表2─5）

マーヴィン・デイヴィス（スタンダード・チャータード銀行頭取）
5つの強み＝学習欲、**親密性**、達成欲、**ポジティブ**、未来志向（太字は人間関係構築力の資質）

世界最大規模の銀行の頭取といえば、誰もがマーヴィン・デイヴィスのような男を思い浮かべるだろう。品のよい注文仕立てのスーツ、細いメタルフレームの眼鏡、鍛えられた体──デイヴィスは、まさに絵に描いたような洗練されたエグゼクティブだ。しかし、彼と話し、彼がこれまでやってきたことを知れば、ステレオタイプな経営者とはまるで違うことがわかる（原注12）。

CEOとしてスタンダード・チャータード銀行──世界70カ国に展開し、7万人以上の従業員を有する銀行──を引き継いだその日から、デイヴィスはどこまでも時勢に逆行した。彼の持つ〈未来志向〉の資質が、目先のことだけを考えずに、数年後の世界市場を見据えていたからだ。競争相手が皆、当時実入りのよかったヨーロッパと北アメリカを重視するなか、デイヴィスはアフリカ、インド、中東での業務展開に傾注していた。また、他行が人間をテクノロジーに置き換えようとしていた時期には、人材育成にさらに多くの時間と資金を投入することを考えていた。

図表2-5　人間関係構築力の資質

運命思考	親密性	適応性
共感性	成長促進	包含
個別化	調和性	ポジティブ

デイヴィスは、組織との絆を強めるために、ことあるごとに〈親密性〉の資質を活かした。たとえば、銀行のＣＥＯたちが自分の発言に必要以上に慎重だった時代、過剰なほどのコミュニケーションを心がけた。そして、世の経営者たちがほぼ例外なく企業の純利益を重視するなか、「心と魂」のある組織をつくることに重きを置いた。

もちろん、このように型にはまらない運営方法は最初から実現されたわけではない。頭取になってすぐに、彼は非常に多彩な――経歴も性格もまったく異なる――経営陣を編成しなければならなかった。スタンダード・チャータード銀行の収益の90パーセント以上が新興国際市場から発生していることを考えると、銀行の経営陣も顧客と同じくらい多様化する必要があると考えたからだ。そこで、自分の強みと限界を知り抜いていたデイヴィスは、自分よりずっとうまく何かをこなせる人材でまわりを固めることにしたのだ。

この作業のあいだずっと、デイヴィスは自分の性格をまったく隠そうとしなかった（原注13）。優位を占める自分の５つの資質――〈学習欲〉〈親密性〉〈達成欲〉〈ポジティブ〉〈未来志向〉――と書かれたコーヒーカップをデスクに置きさえしていたほどだ。それから、周囲の人たちの強みと弱みをじっくりと分析し、それぞれにふさわしいチームについて思いをめぐらせた。その結果、就任早々、意表を突く首脳人事が行われた。頭取になってわずか１カ月後、デイヴィスは経理分野で豊富な経験を持つCFOを、こともあろうに正規の経理経験のまったくない若いコンサルタントと入れ替えたのである。このコンサルタントはまだ30代だった。頭取の頭がおかしくなった、とまわりが狼狽したのも無理はない。

デイヴィスはあらゆる努力をして、自分のしていることとその理由を率直に、そして過剰なほど周囲に伝えようとした。これが奏功し、おもだった株主、ビジネス・パートナー、顧客、そして従業員と迅速に人間関係を築くことに成功する。次に、数万人の従業員とコミュニケーションを図るために――ビデオやアニメーションから、彼らの功績を認める大量の手書きのメモにいたるまで――いろいろなことを少しずつ試していった。その一方で、もう少し系統だったコミュニケーション・プログラムもつくり出した。配下のトップ20人、50人、そして150人のリーダーたちに定期的にメッセージを送り、さらに世界中の従業員7万5000人全員に毎月Eメールで最新情報を送るようにしたのだ。こうして、スタンダード・チャータード銀行の従業員は常にボスの考えていることがわかるようになったのである。

このようなオープンすぎるコミュニケーションは、一度ならず批判を浴びた。しかし、彼はそんな批判に屈しなかった。それどころか、CEOの任期中、29年連れ添った妻が癌を患うと、その事実をトップ管理職400人にEメールで打ち明けた。妻の病状と自らの心境、この事態を受けてその後数カ月間、自分のスケジュールがどう変わるかについて、ありのまま説明したのだ。自分のことだからそうしたわけではない――実際のところ、デイヴィスは家族を優先できるよう従業員たちの力になることでも知られていた。彼の長年の同僚は、家庭生活が重大な危機を迎えていたときに、デイヴィスが多忙なスケジュールの合間を縫って驚くほどサポートしてくれたことに感激したという。

デイヴィスの率直さは、彼の言うところの「勇気ある対話」や、もっと困難な問題においても変わらなかった。自らも認めるとおり、ときにきわめて単刀直入な物言いができる彼は、そんな自分のスタイルを自ら「外柔内剛」と評した。また、自分の性格や欠点を語るときにもこの率直さでありのまま話した。自分の過ちを認め、失敗したことも躊躇なく他人に伝えた。

このような並外れてオープンな態度を貫いた結果、彼が心から銀行を愛していること、彼の心が常に正しい場所にあることが従業員にも伝わった。おかげで、失敗を他人のせいにせず、仕事に責任を持つ文化が行内に生まれ、また、CEOにかつてないほどの信頼が寄せられるようになり、デイヴィスが常識に逆行したときにも従業員は常に彼の意に任せた。彼は人間関係を築くことで信頼を確立したのである。

2008年、ロンドンのオフィスでマーヴィン・デイヴィスにインタビューしたとき、彼はスタンダード・チャータード銀行のCEOから非常勤会長へと昇格したばかりだった。すでに〈タイム〉誌の最も影響力のある経営者リストの常連になっており（原注14）、財界を超えて多方面から広く尊敬を集めていた。当時は世界中の銀行が危機的状況にあり、大手金融機関はほぼ例外なく巨額の損失にあえいでいた。しかし、〈ニューヨーク・タイムズ〉紙（原注15）と〈エコノミスト〉誌（原注16）によれば、この近代史上稀に見る経済危機のなかで、唯一スタンダード・チャータード銀行だけはマーヴィン・デイヴィスの経営手腕により発展することができたという。彼の成功は低迷する金融サービス業界で輝きを放つ数少ない宝石だった。

このような市況のなかでスタンダード・チャータード銀行が成功した理由を話しはじめると、デイヴィスの陽気な口調は、一転して真剣になった。カルカッタで創設されて以来150年の歴史を誇る同行の「精髄」と「すばらしい歴史」について語る声には熱がこもり、色白の肌が赤みを帯びた。続けて、株主はまったく気にかけていなかったことながら、早くからふたつの重要なこと——人と企業の社会的責任——に「キャリアを賭して」取り組んでいたことを語りはじめた。

後者のトピック——とりわけ、エイズや癌との戦いにおける彼の世界的な貢献——についても、もっとデイヴィスと話をしたかったのだが、調査の焦点を絞って、われわれは人との結びつきをつくる彼の並外れた能力についてさらにくわしく知ろうと思い、個人的な質問をぶつけてみた。

自身の性格について話しはじめると、デイヴィスがありのままの自分にしごく満足していることは明らかだった。彼によると、人を率いるうえで最も重要なのは、己を知ること——ただそれだけだ。続けて、リーダーとして、「自分を知り、まわりの人たちを知らなければならない。それができたら、やるべきことをどんどん進める」と淡々と語った。

人に権限を持たせることはたやすいことのように聞こえるが、デイヴィスのやり方が疑問視されることもあったという。頭取になって間もないころ、ある業務に適切な強みを持つ従業員に責任を委ねたところ、ほかの従業員がデイヴィスは重要な業務に十分関与していない、と心配したそうだ。しかし、他人を信頼して、適性のある分野の仕事を任せることで、デイヴィスは自分の時間の大部分を才能の育成と将来のリーダーの指導にあてることができたのである。

スタンダード・チャータード銀行は、人材育成プランの一環として〈ストレングス・ファインダー〉

と強みに基づいたアプローチを全社的に採用している。その理由を、デイヴィスは次のように話してくれた。「従業員の弱みではなく、強みに注目する会社を目指しているということだ。従業員が自分の強みを知れば知るほど、その強みをフルに活かして自分の得意分野にし、成長することができるからね」。そして、このうえなくシンプルな強みへのアプローチを披露して会話を締めくくった。「弱みにばかり注目すると、人は自信を失ってしまう」

デイヴィスは、日々の業務に従業員の強みを活かす文化をつくった。それは、同行の業績からも明らかだ。しかし、われわれの印象に強く残ったのは、ほかの人たちが学び、成長するのを見るときの誇らしさについて彼が語ってくれたときのことだ。仕事で最も充足感を感じるときについて尋ねられると、彼はすぐさまこう答えた。「まわりの人たちが成長するのを見て、成功を分かち合うとき、私は一番やりがいを感じる。その気持ちについてなら、30分だって話し続けることができるよ」

ふたりの子どもたちについても気さくに話してくれた。自分の子どもたちにも〈ストレングス・ファインダー〉を受けさせ、それぞれが持って生まれた強みに基づいて育てたという。自らが教え導いた若者たちについて話す段になると、彼の強いウェールズなまりから情熱があふれ出た。さらに突っ込んで尋ねると、彼はこう答えた。「人を育てるのが大好きなんだ。それはもう心の底からね。彼らの言うことを聞いていると幸せな気分になる。このとおり、結局のところ、私がたくさんしゃべってしまうんだが。マネジメントで一番大事なスキルは聞き上手であること。これに尽きるよ」

彼は意欲的なリーダーたちに挑戦状を叩きつけもした。すぐれたリーダーかどうかは、「育てた人たちの名前をすぐに書き出せるかどうか」でわかるそうだ。できなければ、そのリーダーは、ちょうどいいときに、ちょうどいい場所に――意図的にではなくたまたま――いただけかもしれないとデイヴィスは言う。さらに、15年のあいだにスタンダード・チャータード銀行で育てた人材とその人材との人間関係を長々と書き出せるのは自分だけでなく、部下たちも同様だと言った。

デイヴィスとの対話からは、彼が人を導き、人間関係を築くことが得意中の得意であることがよくわかる。話の途中、彼はお金よりも人によって元気づけられる、と語った。これもまた、世界有数の銀行のエグゼクティブらしからぬ発言だ。それにもかかわらず、彼の任期中、スタンダード・チャータード銀行はめざましい国際的発展を遂げ、株価は急騰し、時価総額は3倍近くになっている。

自己流を通すことによって、未曽有の業績を達成したばかりでなく、デイヴィスは従業員ひとりひとりが、彼のことばを借りれば「振り返ってみて、この銀行で働いて本当に愉しかったと思える」組織をつくった。つまるところ、これまでどんなときにおいても、マーヴィン・デイヴィスの人間関係を築くすばらしい力と、未来への変わらぬポジティブな姿勢が現場に満ちていたということだろう。

戦略的思考力――ブラッド・アンダーソンの場合（図表2―6）

ブラッド・アンダーソン（ベスト・バイCEO）
5つの強み＝運命思考、**学習欲**、**原点思考**、**収集心**、**着想**（太字は戦略的思考力の資質）

図表2-6　戦略的思考力の資質

学習欲	戦略性	分析思考
原点思考	着想	未来志向
収集心	内省	

ミネアポリスにある〈ベスト・バイ〉本社に足を踏み入れただけで、そこが一風変わった会社であることがすぐにわかる。建物自体、空港のターミナルのような造りで、中央に巨大な中枢部がある。この中枢部は常に活気にあふれ、心から愉しそうな従業員がいて、人の話す声が途絶えることがない。その様子は、〈フォーチュン５００〉（アメリカの経済誌〈フォーチュン〉が毎年掲載する全米の売上規模上位５００社）に入る会社の本社というよりも、まるで大学キャンパスの学生自治会室のようだ。どうしたらこのような雰囲気を――ましてや従業員15万人の会社のなかで――つくることができるのか、一見しただけではとてもわからない。

しかし、そんな疑問は、２００８年に〈ベスト・バイ〉を訪問し、ＣＥＯのブラッド・アンダーソンとともにしばらく過ごしただけで一気に解消した（原注17）。丸顔にぱっちりとした目、陽気な笑顔のアンダーソンは、ＣＥＯのようにはまったく見えない。株主総会を執り行うよりも、高校で歴史の授業でもしていたほうが似合いそうだ。第一印象がこれほど温かくて誠実な人はなかなかいまい。いままで出会った人たちのなかでもひときわ親しみやすい人――〈ベスト・バイ〉の現場で働く従業員は彼を評してそう口をそろえる。

従来のＣＥＯのイメージとかけ離れているのは、彼の外見と物腰だけではない。その行動と性格はそれに輪をかけて変わっている。にもかかわらず、アンダーソンは過去25年間で、一地域の無名の家電小売店を全米最大の家電量販店にするのに大いに貢献した。そんな驚くべき彼の逸話をかすませることができるのは、彼が社長になってからの〈ベスト・バイ〉の実績ぐらいだろう。

アンダーソンの優位を占める5つの資質――〈運命思考〉〈学習欲〉〈原点思考〉〈収集心〉〈着想〉――を見ると、若いときにはさぞ優秀な生徒だったに違いないと誰しも思うことだろう。しかし、実際は違った。高校時代のアンダーソンは、学業で苦労し、成績はひどかった。だから、大学に入って彼が才能を発揮し、成績を伸ばしはじめたのはまったく思いがけないことだった。彼にしてみれば、好きなことを自由に勉強できるようになったとたん、目の前に無限の可能性が開けはじめたのだ。この学生時代に気づいたこと――生来の好奇心と学ぶことへの飽くなき欲求を基盤に人生を築き上げることができる、と認識したこと――が彼のキャリアを通じてきわめて重要な意味を持つことになる。

24歳のとき、アンダーソンはミネアポリスの小さな家電小売店、〈サウンド・オブ・ミュージック〉の販売員として就職した。数年後、店長になると、さらにその後、本社の副部長に抜擢される。同社は、1983年には社名を〈ベスト・バイ〉に変更し、店舗を7つに増やす。そして、その後数年間でさらに拡大し、複数の郊外型大規模店をオープンさせるのである。

アンダーソンは、1986年に同社の取締役になると、創業者ディック・シュルツと密接な協力関係を組む。アンダーソンとシュルツらが従来の家電量販店の運営方式全般に疑問を持ちはじめたのは、このころのことだった。当時は、ほぼすべての家電量販店が、販売員たちが売った製品のコミッションをもとに彼らの給料を支払っていた。

そのため、1990年以前、楽器店やステレオ店に入った顧客は、商品を買わせようとする押しの強い店員たちに取り囲まれた。あまつさえ、こうしたコミッション制の販売員たちは、自分たちに最も多く現金が入ってくる商品を売り込むのが常だった。たとえそのテレビやステレオの在庫がなくても、おかまいなしに。アンダーソンがフォーカス・グループ（市場調査のために抽出された消費者グループ）を集めたとき、信用できる大手家電量販店はどこかと尋ねたところ、全員が文字どおり「どっと笑い出した」という。そのころの顧客にとっては中古車販売場を歩くほうがまだ販売員のプレッシャーが少なかったのだ。

ほかの業界の成功している小売業者に目を向けたアンダーソンは、彼らのビジネスモデルがまったく異なっていることに気づく。彼が早くに得た着想のひとつは、そんな店のひとつ、食料品店での自らの体験から生まれたものだ。食料品店では、顧客は自由にゆったりと店内を見てまわり、商品の在庫があることも知っている。アンダーソンとシュルツら経営陣は、〈ベスト・バイ〉にもこれと同じような方式が導入できないかと考えた。そのほうが一般の顧客にとってははるかに満足のいく買い方になるはずだ。しかし、それを実践するとなると、メーカーと販売店の運営方法から数千人の販売員の希望にいたるまで、いくつもの大きな障害があることが予想された。

この新方式を導入すれば、業界全体に衝撃を与えるだろうことはわかっていた。しかし、アンダーソンとシュルツはともに、〈ベスト・バイ〉が生き残るにはこの方法しかないという気がしていた。のちに、アンダーソンはこう語っている。「あれが大躍進のきっかけだった。定石どおりの経営を続けていたら倒産してしまう。そう思ったからできたんだよ」

当然のことながら、アンダーソンとシュルツがコミッション制の販売方式をやめることを正式に推奨するや、激しい抵抗に直面した。社内にすら、懐疑的な声が多かった。しかし、自分のこの新たな考えに反対されると、アンダーソンはこう諭した。「この先5年間ではなく、この先15年間のことを考えるんだ」と。

この考えに基づいて〈ベスト・バイ〉は新たな戦略を実践し、それが小売店の販売方式を永遠に変えることになった。この改革の結果、お客はうるさくつきまとう販売員のプレッシャーから解放され、商品をただ見てまわるために、〈ベスト・バイ〉の店舗に列をなしてやってくるようになった。ほかの家電量販店や他業界の小売店もすぐにこの後に続いた。

この移行期においても、アンダーソンは順調にキャリアを積み、1991年に〈ベスト・バイ〉の社長に任命される。社長という職務に就いたその日から、彼が従来の企業トップのイメージにはまるでフィットしないだろうことは明らかだった。そこで、この自称「変わり者」は、新たな職務のイメージに適応する代わりに、他人とはまったく違うやり方で職責を全うしようと決意する。

ウォール街のアナリストたちは、新社長になったアンダーソンがもっと一般的な経営手法を採用するものと予想していたが、彼のとった行動はまるで違っていた。驚いたことに、アンダーソンは新たなアイデアを求めて、数週間姿を消してしまうことがよくあった。一般書やビジネス書を読みふける代わりに、〈ローリング・ストーン〉誌から歴史的伝記まで、あらゆる本をむさぼり読んだ。また、より大きなアイデアを求めて、家電業界とは関連のない会議にも出席した。〈ベスト・バイ〉の考え方を検証してもらうために、外部の専門家も大勢迎え入れた。彼の〈学習欲〉〈収集心〉〈着想〉の資質が、常に稼働し続けていたのである。そんなふうに常識に挑み続けるあまり、しまいには「同僚たちから強い不満が出た」ことは彼自身認めるとおりだ。

アンダーソンのどこまでも旺盛な好奇心が、従来とは異なるピープル・リーダーシップ（メンバーのチームワークを醸成して効果的なコミュニケーション関係をつくるリーダーシップ）のアプローチを実現させる。社長になると、彼はすぐさま彼の考えに「ノー」と言うことが予測されるリーダーを周囲に置いた。また、部下の強みを育てることができるリーダーを慎重に選んだ。そしてまた定石に逆らい、経験や技術的能力と同じくらい、チーム・メンバー同士の相性にも気を配った。

インタビュー中、アンダーソンは最高幹部の「きわめて多様性に富んだ顔ぶれ」に言及した。彼らは、互いにまったく性格が異なるにもかかわらず、互いの強みを深く信頼することにより、協調できるようになったという。アンダーソンによると、彼が重役会議で今後のアイデアについて熱く語っても、最高財務責任者（ＣＦＯ）はまったく関心を示さないことがあるという。一方、この〈ベスト・バイ〉の優秀なＣＦＯは夜8時までスプレッドシートでの仕事に取り組む。そう話したアンダーソンは、その後次のようにつけ加えた。「スプレッドシートなどというのは、私にとっては謎だらけの巻物みたいなものだよ」。これは自分の強みと限界を補うために、彼がつくりあげたパートナーシップのほんの一例にすぎない。

さらに注目すべきは、ＣＥＯとしての役割を果たすうえで、彼は自分の強みにどこまでも忠実でいようとしている点だ。15万人以上の〈ベスト・バイ〉の従業員にどうやってリーダーシップを発揮できるのかと尋ねたところ、重要なのは自分をよく理解し、ありのままの自分でいることだ、という答えが返ってきた。確かにアンダーソンは、ビジネス・コミュニティーで人脈づくりに励んだり、店の従業員たちと気軽なおしゃべりをしたりするタイプではないかもしれない。が、その代わりに世界中をまわりながら、〈ベスト・バイ〉の従業員、顧客、株主たちと心を通わせる独自の方法を編み出していた。そのいたってシンプルな方法とは、たくさんの質問をすることだ。

ある〈ベスト・バイ〉の従業員は言う。アンダーソンが店に来ると、従業員ひとりひとりに、「いま何をしているのか、何をすると愉しいか、その従業員の目から見て店内ではどんなことが起こっているのか尋ねるのよ。それで、質問された従業員は自分が最も重要な人間であるように感じられるの」。こういうことをこれほどうまくできるＣＥＯは見たことがない、どうやらアンダーソンは心から「人と、その人の人生に興味を持っている」ようだと彼女は続けた。アンダーソンにしてみれば、相手の人となりを知ることが、将来すべきことを探る一助になるということなのだろう。

アンダーソンのような成功したリーダーたちを調査するにあたって、最も示唆に富んだ質問は、次のようなものだった。「時間が止まってしまったと感じるような、自分だけの世界に入り込んでいるときについて話してください」。これに対して、アンダーソンは、人からにしろ、本からにしろ、何かを学んでいるとき、またはパズルを解いているときにはほとんどいつもそんな感じがする、と答えた。「58歳になっても、知らないことがほぼ毎日増えていくように思えるなんて、自分でもすごいことだと思う。どれだけ学んでも、もっとたくさんの疑問や結びつきが次々と出てくるんだからね」

その一例として、彼は前夜の会食を早めに切り上げて、近くの〈バーンズ・アンド・ノーブル〉（アメリカ最大の書店チェーン）で充実した時間を過ごしたことを話してくれた。学ぶことに貪欲な彼は、週に数冊の本を読む。その夜には、持ち帰りたいと思った本が28冊あったという。「これはもう病気だね」。そう言って、彼はにやりとした。

このようにブラッド・アンダーソンが好奇心を持ち続けていることは、何百万人という〈ベスト・バイ〉の従業員や顧客、株主から歓迎されているに違いない。彼の戦略的思考力から生まれた試みがすべてうまくいったわけではないにしろ、その型破りなアプローチは〈ベスト・バイ〉にかってない成長をもたらした。アンダーソンが社長になった1991年にベスト・バイ株に1000ドル投資していたら、2008年には17万4000ドルの利益になっているはずである。「強み」という翼で25年間、地上から飛翔し続けている男にとって、これはなかなかの実績といえるだろう。

ひとりひとりの強みを活かして、チームの力を最大化させる

この4人のリーダーの例が示しているのは、彼らは自分がどんな人間で――そして、どんな人間ではないか――を熟知しているということだ。彼らのうちのひとりでも、生涯を賭してあらゆることに「秀でよう」としていたら、これほど並外れた影響をまわりに及ぼすことはできなかっただろう。あらゆる強みを身につける代わりに、4人は賢明にも必要な強みをチームに取り入れた。そのおかげで組織を発展させ続けることができたのである。が、残念ながら、こんなふうに自分たちの強みを最大限に活用しているチームはごくわずかだ。

メンバーひとりひとりの強みの活かし方さえわかれば、チームのパフォーマンスを向上させる新たな方法はすぐにも見出すことができる。これは、アメリカを拠点とするホテル・チェーン、〈ハンプトン〉の例からも明らかだ。われわれが〈ハンプトン〉のフィル・コーデル社長と初めて会ったとき、

会社も経営陣も正しい軌道を走っているように見えた。1500軒以上のホテルを所有し、事業を急速に拡大しつつあった〈ハンプトン〉は、当時すでに強力なブランドを築き上げていた。経営陣は飛び抜けて優秀な者ばかりで、全員が会社とそのブランドに強い愛着を抱いていた。さらに、チームは革新性と創造性を備えており、十分にめざましい業績をあげていた。すでに競合他社をはるかにリードしていた。が、コーデルはその差をさらに広げたいと考えていた。それに加えて、大がかりな国際展開ももくろんでいた。

この野心的な目標を達成するには、いまのチームの力では不十分だった。コーデルはそのことに気づいていた。核となる経営陣のメンバーひとりひとりと面談してわれわれにわかったのは、意外な事実だった。ブランドへの強い忠誠、パフォーマンス向上への熱意、コーデルへの心からの敬意――理想的ともいえるこの経営陣には、いくつかの危険がひそんでいたのだ。興味深いことに、経営陣のリーダーへの忠誠心そのものが大きな障害になっていたのである。リーダーに忠実なあまり、メンバーは自分たちで問題を解決しようとせず、たえずコーデルの判断を仰いでいた。そのため同僚間の信頼関係がきちんと育っておらず、コーデルが常に問題に対処しなければならないために、仕事が滞り、業務全体のスピードが落ちていたのだ。

そこで、コーデルは、チームに気づかれずに1日の大部分を「待機モード」で過ごすことにする。彼にはすべての議論に逐一介入する気は毛頭なく、そもそもそうする必要などまったく感じていなかった。といって、これは単なる仕事の割り振りの問題ではない。問題は、経営陣が強い人間関係を築けていない、ということにあった。

コーデルと何度か話し合ってみたところ、彼の考えている積極的な成長プランを実行すれば、チームがめいっぱい――自壊してもおかしくないほど――働かなければならないことが明白だった。国際的成長の計画を立て、その基盤をつくるには、コーデルが長期間留守にする必要がある。いまのままなら、リーダーが長期間不在になると、チームは崩壊寸前に陥ってしまう。コーデルがいないあいだに恐慌をきたしたりすることのないよう、強固なチームをつくることが急務だった。

しかし、そのためには解決しなければならない大きな問題があった。そのひとつが、チーム自体は非常に有能ながら、皆競争心の強いメンバーたちで成り立っている、ということだった。あるメンバーのことばを借りれば、皆が常に「より多くの仕事を引き受けようと張り合ってしまう」のだ。贅沢な悩みだと思う人もいるかもしれない。しかし、〈ハンプトン〉の場合、この問題がチームを団結させるどころか、分裂させてしまう恐れがあった。

各メンバーの〈ストレングス・ファインダー〉の結果を踏まえ、深層インタビューを行った結果、信頼を確立し、野心的な成長プランを実現したければ、人間関係を強化する――しかも、いますぐ強化する――必要があることが判明した。

コーデルは、できるかぎり率直にチームの問題に向き合った。メンバーたちが自分たちの直すべき欠点について語りはじめると、チームに「共有し合う文化」がまったくないことをずばり指摘した。実際、激しい議論を交わすには互いが心を許し合わなければならないのに、彼のチームにはそんな気配がまったく見えなかったのだ。彼に言わせれば、この信頼の欠如は「致命的なもの」だった。

どうしたら人間関係と信頼関係を強化できるか。この問題に関してはチーム全体でかなりの時間をかけて話し合いが持たれた。その結果、彼らは一緒に過ごす時間が少なすぎるという単純な事実に気づく。日々の業務に忙殺されて、チームそのもの、さらには将来について考える時間を持てずにいたのだ。

また、効率性を最大限に高め、仕事の重複を避けるために、もっと明確な目標が必要だということにも気づかされた。さらに、ゆゆしき事実として、チーム内の過酷な競争にさらされていたため、メンバーのほとんどが仕事と家庭生活のバランスをとるのに苦労していることも発覚した。

こうしたミーティングや議論を重ねるうちに、チームに大きな変化が生まれはじめる。まず、メンバーのなかで人間関係づくりに長けているスコットとカートが、チームの絆の強化に努める役を買って出た。また、ジーナは、皆が目標を明確にするにはどうすればよいか、会社がさらに成長を遂げるには、チーム内外の人たちの強みを最大限に活用できるようにするには、何ができるか熱く語った。ジュディは、グループが常に将来に目を向けられるように対話やアイデアを引き出す自分の能力を活かすことにした。また、あるグループ・ミーティングでは、会社の成長を促進するために自分たちの強みを活用していく「リーダーシップ・スタイル」を詳細に記述した。

こうした初期の議論を終えると、〈ハンプトン〉経営陣のミーティングは、すぐにまったく異なる様相を呈しはじめた。ミーティング中にジーナに質問されても、彼女はただ単に情報を必要としているだけだとわかる。だから自己弁護に走る人がいなくなった。ジュディが大がかりなアイデアを披露しはじめても、もう誰も迷惑だとは思わなくなった。それが彼女の性質であり、それまでの皆のやり方に文句をつけているわけではないことがわかるようになったからだ。また、問題が発生したときには、コーデルに上申する前に皆で議論するようになった。コーデルも、そのプロセスを経ずに上申されてきた問題は「受け付けない」ことを約束した。

こうした集中的な議論を半年間行った結果、人間関係、信頼度、さらに経営陣全体の機能が飛躍的に向上した。以前のチームなら、リーダーがいないときに集まることなど絶対になかったのが、このころには、スコットがリーダー役を引き受けたこともあり、コーデルの不在中もミーティングをして事を進めることができるようになっていた。この強固な基盤をもとにチームの機能は向上し続け、コーデルはもっと多くの時間を国際的展開に費やすことができるようになったのである。

われわれが調査したチームは皆、各自の強みをチームと現在の目標に照らして定期的に話し合ったことが最も有益だったと報告している。ほかの人たちの強みを理解することが効果的であることは、〈ハンプトン〉の経営陣の経験からも明らかだ。チームが結成されてから15日であろうと、15年であろうと、それは変わらない。強みという共通の言語を使うことができれば、会話の内容はたちどころに変わる。よりポジティブな対話が生まれ、チーム全体の士気が高まるのである。

強固なチームは何をしているか

ひとたび最適な人材を起用すれば、チームが正しい方向に向かっているかどうかは比較的容易にわかる。40年近くにわたって多くの経営陣を調査してきた結果、われわれは、大きな成果をあげる強固なチームに共通する特徴を発見した。

1　強固なチームは結果を重視する。だから、意見が対立してもチームが壊れない

大方の予想とは裏腹に、最も成功するチームでは、意見が常に一致しているわけではない。むしろ健全な議論——ときに激しい議論——が頻繁に交わされているのが特徴だ。議論によってチームがばらばらにならないこと。これが、強固なチームと機能していないチームを分ける特徴である。困難なときにメンバーが孤立を深めるどころか、チーム力が増して結束するのだ。

すぐれたチームが衝突を通して成長できる理由のひとつとして、メンバー全員がまるでレーザー光線のように結果に焦点を当てていることが挙げられる。トップ・チームは、証拠とデータをそろえ、可能なかぎり客観的であろうとする。そのため、たとえ意見は違っていても、真実を追求するために一致団結するのである。反対論を述べることはあっても、最後は必ず意見がまとまる。これとは対照的に、業績不振のチームは意見の相違を個人的なものととらえがちだ。その結果、チームに亀裂が生じ、それが拡大していく。

2　強固なチームは、組織にとって最善のことを優先し、行動を起こす

資源をめぐる相互の争いや意見の不一致があるときでも、最高のチームはもっと大きな目標を見つめ続けることができる。自分たちよりも組織にとって一番よいことを常に優先し、ひとたび決定が下されれば瞬く間に一致団結する。それが、すぐれた業績を誇るチームのメンバーたちだ。

われわれが調査したあるチームは、ある重要な新しいアイデアに投資すべきかどうかをめぐって

延々と話し合いを続けていた。何カ月にも及ぶ激しい議論の末、数の上からいえば、ジョンが「負けた」。そんな彼にとって、その後、何もせずにふてくされているのはたやすいことだっただろう。しかし、われわれが調査したほかのすぐれたチームのメンバーたちと同様、彼はすぐに立ち直り、こう訊いたのだ。「これを達成するために私にできることは？」。すぐれたチームのメンバーは、一度決定が下されれば、互いの（そして組織の）成功のために団結する。

3　強固なチームのメンバーは、仕事と同じように私生活にも真剣にかかわる

われわれが調査した最高のチームのメンバーは皆、矛盾を生きているように見えた。最も生産的なチーム・メンバーのなかには、猛烈に働き、驚くほど大きな責任を負っている者がいる。そんな彼らは週に60時間働くこともあれば、出張も頻繁だ。それでも、皆自分たちの暮らしはバランスがとれていると考えている。実際、家族といっしょにしたいことをする十分な時間を持っているように見える。会社に捧げるエネルギーと集中力を、同じくらい家族と社交、コミュニティーにも注いでいるように見受けられる。

スタンダード・チャータード銀行のマーヴィン・デイヴィスにインタビューしたとき、彼は銀行で卓越したパフォーマンスを実践する一方、仕事と同じくらいの時間を妻とふたりの子どもたちと過ごしていることを誇りにしていた。傍から見ると意外なことのように思われるかもしれないが、デイヴィスは、週末は家族のことだけを考えるようにしているという。そして、この哲学を銀行の全従業員に拡大し、常に家族を優先するよう奨励している。

われわれの調査結果によると、成功しているチームのほとんどは、メンバーたちが仕事に強い情熱を抱きながら、さらに私生活にもきわめて満足している。一見不可能なこのような目標を設定することによって、彼らは同じような生活を送りたいと望む新たなメンバーを引きつけている。この強い熱意が企業全体に魅力的な模範を示すことになるのだ。

4　強固なチームは多様性を受け入れる

世界有数の革新的な優良企業の経営陣の調査をするうち、次のような単純明快な真実が明らかになった。それは、同じような視点で問題を考える人たち、同じような学歴の人たち、同じような経験とアプローチを持つ人たちでチームを構成したからといって、必ずしも成功するわけではないということだ。

経営陣にさまざまな強み――理想としてはリーダーとしての強み――をバランスよく備えていることが必要な理由は、すでに説明した。しかし、多様性はチームの強みよりはるかに大きな効果を発揮する。さらに、熱意が最も強いチームは、年齢、性別、人種の多様性を歓迎することも判明した。逆に、熱意のないチームはこれとは反対の反応を示す。

たとえば、〈ギャラップ〉の調査の結果、熱意がまったくないチームのメンバーは、マネジャーが自分とは異なる人種である場合に、（同じ人種である場合と比べて）会社を辞めることを考える可能性が33パーセント高かった。しかし、熱意のあるチームを調査すると、マネジャーが異なる人種であるほうが、会社にとどまる確率が少しだけ高い。つまり、自分と異なる人種の上司のもとでは、熱意のない従業員は離職傾向が高くなり、熱意のある従業員はその傾向が低くなるということだ。最も熱意のあるチームは、個人の身体的特性ではなく、天性の強みを見る。そうすることで、ひとりひとりの持つ可能性に注目すると、外面的な要素などほとんど気にならなくなるのだ。

5　強固なチームは才能を引きつける

強固なチームを見分けるもうひとつの方法は、人が参加したがるチームを探すことだ。仕事が過酷で労働時間が長く、期待値が途方もなく高いチームになぜ加わりたいのか、理解できない人もいるだろう。このような「理想」のチームにおいて内部競争が激しく、結果への責任が極端に大きい場合はなおさらだろう。

しかし、結果やプレッシャーという問題があっても、こうしたチームに加わりたいと熱望するのは、スターになる可能性がある人だ。そのような人にとって、トップ・チームは最も刺激的な場所——自分のリーダーシップを発揮し、真のインパクトを与えることができる場所——なのだ。スターになる可能性を秘めた人は挑戦と責任を恐れない。むしろ、そうしたチームを探し求めている。

国連のコフィー・アナン前事務総長が、〈ギャラップ〉とのリーダーシップ・インタビューで語ったように（原注18）、組織内に強固なチームをつくるには、強いサッカー・チームと同じ「原料」が必要だ。彼は、「協調して働く」ことをチーム全体に促しながらも、その際「個人のすぐれた才能」を排除すべきではないと即座に指摘している。すぐれた才能を持つ人が同じ目標へと皆を引っ張ってくれるかぎり、実際のところ、その個人の才能がチーム全体の力を高めてくれるからだ。その結果、成功しているチームはしばしば組織全体にも影響を及ぼす。

強固なチームをつくり上げるには、かなりの時間と労力が必要だ。必要な強みをチームに採用することはよい出発点となるが、それだけでは足りない。リーダーがひとりひとりの強みと、メンバー間のよりよい人間関係づくりに投資し続けること――それがチームを継続的に成長させる鍵だ。リーダーにこれができれば、チーム全体が顧客のニーズについてもっとよく考えることができるようになるからである。

Ⅲ

「なぜ人がついてくるか」を理解する

誰より有能なリーダーは、企業の目標、使命、目的に向けて集団を団結させる。リーダーは先導し、人々はついていく。しかし、なぜリーダーについていくのか、その理由が考察されることはほとんどなかった。これまで、長年にわたって数多くのリーダーシップの研究――〈ギャラップ〉のものも含む――が行われてきたにもかかわらず、その大半は明らかなことをひとつ見落としている。リーダーは、ついてきてくれる人たちがいるからこそ、リーダーなのである。支持者たちひとりひとりとの絆の強さ――それがリーダーの強さなのだ。フォロワーがひとりだろうと数百万人だろうと、この事実は変わらない。それなのに、われわれは、リーダーたちにばかり注目し、リーダーたちが率いる人たち――彼らへの影響や彼らの意見――を無視してきた。

その理由のひとつとして、リーダーたちの研究が、彼らをすぐれた者たらしめているフォロワーとの結びつき（絆）から切り離して行われてきたことが挙げられる。伝説的な投資家ウォーレン・バフェットの定義によれば、「リーダーとは、ほかの人たちを通じて事を成し遂げることができる者」ということになる（原注1）。とすると、リーダーたちの意見を調べることは確かに興味深いが、それだけでは、なぜ人が多くのリーダーたちのなかからある特定のリーダーを選び、そのリーダーについていくのかを理解することはできないかもしれない。

アメリカ大統領はなぜアメリカ市民の生活を左右するのか。そのことを知りたければ、人は誰に目を向けるだろう？　大統領自身か――それとも有権者たちか。企業の場合、商品の人気の理由が知りたければ、消費者に訊くのが常道だろう。だったら、人々があるリーダーのもとに集まる理由を知りたければ、彼らがついていく理由――あるいは、すぐれたリーダーが彼らの人生をどのようによくしてくれているのか――を彼ら自身に尋ねるべきではないだろうか。リーダーになりたければ、まわりが何を必要としているのか、あなたに何を期待しているのかを知ることが不可欠だ。

人がついてくる4つの理由

人が人についていく理由を探るために、われわれは2005年から2008年に、ある本格的な調査を実施した。その目的は、世間一般の人たち――リーダーシップを定義する専門家でも、歴史家でも、CEO、セレブリティ、政治家でもない――のリーダーシップに関する意見を知るためだった。おもにケース・スタディ、インタビュー、ひとつの組織または便宜的なサンプルを用いて行われるほかのリーダーシップ研究とは対照的に、この調査では、世論調査（第V部を参照）を通じて接触したフォロワーたちのなかからまったく無作為に抽出した1万人以上を対象とした。こうすることで、企業の枠を超えた幅広いリーダーシップ――ソーシャル・ネットワーク、学校、教会、家族のなかのリーダーシップ――のデータを集めることができたのである。

調査では、予備テストでいくつかの質問を行った後、次のような質問に答えてもらった。

1 日々の生活で最もポジティブな影響を与えてくれているリーダーは誰ですか。必要なら、少し考えてみてください。誰かが思い浮かんだら、その人のイニシャルを書いてください。

イニシャルが記入されると、次のように質問を続けた。

2 では、その人があなたの人生に与えてくれているものを最もよく表している単語を3つ挙げてください。

a
b
c

この質問には一字一句に細心の注意が払われている。最初の質問では、回答者の日々の生活に「最もポジティブな影響を与えている」ひとりの「リーダー」を特定するようになっている。ポジティブということばを用いたのは、きわだってネガティブな影響力を持つリーダーたちを調査対象から排除するためだ。経営学者ピーター・ドラッカーのことばを借りれば、「20世紀の3大リーダーは、ヒトラー、スターリン、毛沢東だ。それをリーダーシップというならば、そんなものには断じてかかわりたくない」からだ（原注2）。

最初の質問でひとりのリーダーを挙げてもらったら、次に、そのリーダーがフォロワーの人生に与えてくれているものを3つ答えてもらう。その結果、数千に及ぶフォロワーから自由回答を集めることができた（この方法だと、理論に基づいたカテゴリーから答えを選択してもらう選択回答とは大きく異なり、回答が偏らない）。今回の調査では、「ビジョン」や「目的」――リーダーシップ研究の現場では大いに注目されていることばだ――などのカテゴリーを並べるのではなく、リーダーが及ぼしている影響を、フォロワーに「自分のことばで」定義してもらうことにしたのだ。

最初の調査を終えると、最も多く挙がった25のことばをリストアップした。驚いたことに、このリストには、目的、知識、ユーモア、謙虚さといった、この種の調査の「定番」はほとんど入っていなかった。

記述語を調べていくうちに、明らかなパターンが見えてきた。カテゴリーも選択肢も提示しなかったにもかかわらず、場合によっては実に1000人以上がまったく同じ単語を挙げていたのだ。英語には17万以上の単語があることを考えれば、これは大いに注目に値する。どうやら、フォロワーが自分の人生に最も大きな影響を与えているリーダーに期待し、求めているものは、きわめて明確らしい。その同じ単語とは、信頼、思いやり、安定、希望だ（**図表3―1**）。

信頼――フォロワーの基本的欲求

「絆とは真実を言うことだ――約束は死ぬまで守る。自分の言うことはあてにならないと思わせてしまったら、その報いを受けることになる」。これは、インタビューしたリーダーのひとりのことば

図表3-1 フォロワーの4つの基本的欲求

信頼
思いやり
安定
希望

である。政財界のさまざまなスキャンダルからもわかるように、フォロワーは不実を許さない。マネジャー、CEO、国家元首——いかなる地位にあろうと、信頼は「生死にかかわる土台」といえるかもしれない。

正直さ、誠実さ、尊敬——これらもまた、「日々の生活でリーダーたちが与えてくれるもの」に挙げられたことばである。たったひとつの嘘で、現職の大統領や大企業のCEOが失脚したり、友情や結婚生活が壊れてしまったりすることもある。そこまで大げさな話は出なかったが、それでもインタビューの対象者たちは、この3つのことばをしばしば口にした。正直さ、誠実さ、尊敬は、人間関係のフィルターであり、職場で誰と一緒に過ごすかを決める鍵だ、と。

リーダーシップにおける信頼に関するわれわれの最新調査によると、この信頼という「土台」は企業における従業員の熱意にも密接に関連している。われわれの全国世論調査では、会社のリーダーたちを信頼していない場合、従業員が仕事に熱意を抱く見込みはわずか12分の1である(原注3)。これに対して、会社の経営陣を信頼している場合は、その見込みが2分の1以上——信頼していないときの6倍以上——になる。

信頼は職場での仕事のスピードと効率性も向上させる。あるプロジェクトにふたりの従業員が取り組んだとしよう。彼らが互いをよく知らない場合、仕事がスムーズにできるようになるまでにかなりの時間がかかる。気心が知れるまで――相手を慎重に見きわめる様子見の時間――に手間取ったり、相手の仕事のやり方や性格に慣れる時間が必要だったりするからだ。

しかし、ひとたび土台となる信頼関係が確立されれば、効率性は一変する。絆のないほかの同僚の数分の一の時間で仕事を終えることができるようになる。社交辞令をほとんど抜きにして、すぐに核心に入ることができるようになるからだ。コフィー・アナンも次のように言っている。「人間関係ができていないと、毎回ゼロからはじめなくてはならない」

企業のミッション・ステイトメント（企業目標）を読むと、その多くが誠実さ、信頼、正直さを掲げていることがわかる。まさに正論である。これらは人間の基本的な道徳であり、長続きする人間関係を確立する方法だ。〈ベスト・バイ〉のブラッド・アンダーソンも信頼をこう表現している。「最も大切で価値がある職場の必需品だ」と。

リーダーに求められる、この基本的な「必需品」についてもっとよく知るために、われわれは何年にもわたって何千人というリーダーに次の質問を繰り返してきた――「あなたはどうやって正直な人間だということを信じてもらっていますか」。すぐれたリーダーなら、そのすばらしい秘訣を知っているに違いない、と期待する向きもあるだろう。しかし、最高のリーダーたちは違っていた。それどころか、驚き、憤慨して席を立たんばかりの反応を見せたのだ。彼らのほとんどから、「わざわざそんなことをしなくても私はもともと正直だよ」という答えが返ってきた。こんなふうに言ったトップリーダーもいた――「そんなことは自ずとわかるものだ。長いあいだ私を見ていれば、私があてにできることなど皆自然と知るようになるんだよ」。ブラッド・アンダーソンの信頼関係を築くための秘訣は——たとえ欠点をさらすことになろうとも——ありのままの自分でいる、ことである。リーダーとして、たとえ困難な知らせを伝えるときでも、どこまでも率直であるしかない。彼はそう考えている。それが信頼関係を築く唯一の方法だからだ。

尊敬、正直さ、誠実さは、信頼に基づいた強固な人間関係の自然な産物である。ことさら話し合うべきものではない——トップ・リーダーが努力せずとも正直だとわかってもらえているのもむべなるかなだ。同様に、チームに関するわれわれの調査からわかった驚くべき事実のひとつに次のようなものがある。成功しているチームは信頼について話すことがほとんどない、というものだ。反対に、悪戦苦闘しているチームでは、常に信頼というトピックが議論の中心を占めていた。このことは、成長過程の組織では人間関係の発展こそ組織の基盤となることを示している。互いに信頼関係を築くうえでは人間関係が能力よりはるかに重要だということだ。

思いやり——フォロワーの基本的欲求

残念なことに、ほとんどのリーダーは、部下たちに心からの思いやりを——少なくとも、友人や家族といるときと同じように——見せることにためらいがちである。が、そのようなリーダーは、従業員ひとりひとりを実際に心から気にかけているすぐれたマネジャーを見習ったほうがいい。今回の調査からもそのことがよくわかった。

いたわり、友情、幸福、愛情は、「リーダーが与えてくれているもの」を尋ねたときに頻出した単語だが、これらはそれほど意外なものではなかった。というのも、自分を気にかけてくれるマネジャーの影響について、われわれはずいぶん前から山のようなデータを集めてきていたからだ。「上司または職場の誰かが、自分をひとりの人間として気にかけてくれている」という項目に答えた人は、すでに1000万人以上にのぼる。そして、この項目に「イエス」と答えた人たちには次のような特徴があった（原注4）。

・現在の企業にとどまる可能性がきわめて高い
・かかわりの深い顧客が大勢いる
・生産性が著しく高い
・より多くの利益を企業にもたらしている

言うまでもなく、何千という従業員がいる組織では、リーダーが従業員ひとりひとりと親密な人間関係を築くことは困難だ。そこで、ポジティブな影響を与えてくれる「組織のリーダー」と「世界的リーダー」についてもっと具体的な質問をフォロワーに向けたところ、日常的なリーダーに対しては非常に親密な単語（いたわり、など）が使われていたのに対し、組織および世界の高い地位にいるリーダーにはもっと広範でポジティブなエネルギーと「思いやり」を求めていることがわかった。

言い換えれば、スタンダード・チャータード銀行のマーヴィン・デイヴィスが言ったように、組織のリーダーは「ポジティブな性向」を持っていなければならないということだ。もちろん、ネガティブな人についていきたいと思う従業員などいないだろう。また、スタンダード・チャータード銀行の従業員には、常にデイヴィスの人としての思いやりが見えていた。彼は妻が癌になったときの試練をまったく隠し立てしなかった。そして、従業員の精神と肉体の健康も気遣った。従業員の全般的な福祉を促進するプログラムを開始し、常に直属の部下たちには家族を優先するよう説いた。いずれも、従業員が会社を心から愛するようになるには、会社に「心」がなくてはならないことを知っている人間の行動である。

安定——フォロワーの基本的欲求

フォロワーたちはゆるぎない基盤を求めている。彼らにとって最高のリーダーとは、必要なときにいつでも頼れるリーダーだ。調査では、安心、強さ、支え、安らぎという単語も挙がっていた。フォロワーたちとしては、リーダーのコア・バリュー（核となる価値観）が安定していることを知る必要がある。安定していれば、余計な変化から身を守ることができ、自分が何を望まれているかよく知ることができるからだ。

安定と安全を求めるわれわれの思いは、われわれが下すほとんどすべての決断に入り込んでいる。政治家たちは自分が当選すればもっと安全に暮らせるようになる、と有権者に懸命に訴える。あるいは、宗教家たちはしばしば安定の奨励者となる。困難なときであれ意気高揚したときであれ、信者は強さが得られるメッセージを求めるからだ。また、毎日教室で指導するすぐれた教師たちは、生徒たちを常に支え、安心させることの大切さをよく知っている。

職場に関してはどうだろう。企業は、発展、変化、成長していかなければならない一方で、従業員に安定と自信も与えなければならない。実際のところ、従業員には給与と仕事があるという安心感を得る必要がある。マネジャーやリーダーがこうした基本的欲求を満たさなければ、反発されること必至だ。会社の将来的な見通しに大いに自信を持っている従業員が仕事に熱意を抱く確率は、あまり自信を持っていない従業員の実に9倍にもなるのである（原注5）。

〈リッツ・カールトン〉のサイモン・クーパーも、世界中の従業員の家族に安定した暮らしを送らせることを最も重要な職務のひとつと考えていた。そのため、裕福な宿泊客を気遣うのと同じくらい、時間給で働くジャカルタの従業員の幸福も気遣っていた。また、事業の拡大を考えるようになったときには、不況になったらすぐに削減しなければならなくなる仕事をできるかぎりつくらないようにする配慮を怠らなかった。

全社的なスケールでいえば、透明性ほどすぐに安定をもたらしてくれるものもない。フォロワーたちは皆、自分たちのキャリアの展望や企業の財政状態に自信を感じる必要がある。われわれがかかわったあるエンジニアリングの大企業では、給与情報を除く会社のあらゆるデータと財務情報に社内の全員が容易にアクセスできるだけでなく、企業の目標への進捗状況を従業員に定期的に知らせていた。そして、おそらくこれが最も重要なことだが、リーダーは従業員ひとりひとりがコストや利益、売上といった企業のおもな指標に直接影響を与えることができ、そのことがひとりひとりに理解できるようサポートしていた。こうしたことが従業員たちに安定と自信を与え、企業をめざましい成長へと導くのである。

希望――フォロワーの基本的欲求

いくらか次元の高いこの欲求は、なかなか面白い課題をわれわれに突きつける。フォロワーは現在においては安定を求め、将来に対しては希望を求める。ほかにこの基本的な欲求を表すことばには、方向性、信念、アドバイスがあった。

リーダーが組織全体に与えることのできるインパクトを調査した際、われわれが従業員たちに投げかけた最も有効的な質問をひとつ挙げるとすれば、「会社の経営陣は将来に希望を抱かせてくれますか」というものだろう。この質問に強く同意した従業員の69パーセントが自分の仕事に熱意を抱いていた（原注6）。一方、全面的には同意できなかった従業員、あるいはまったく同意できなかった従業員では、その数字はわずか1パーセントだった。どうやら、希望というのは、組織のなかで幹部レベルのリーダーの影響力が最も関係しそうな領域のように思われる。

希望を与えることは、リーダーとして当たり前の条件に思えるかもしれない。希望は、フォロワーに期待を植え付け、混沌とした複雑な状況から脱け出す筋道を示してくれる。これから事態がよくなりうる、きっとよくなる、とわかれば、仕事へのモチベーションも大幅に向上する。希望がなければ、人は自信を失い、仕事に熱意を抱くことができず、しばしば無力感に襲われる。

このため、困難なときには組織のリーダーの役割はいっそう重要になる。にもかかわらず、インタビューに協力してくれたリーダーの圧倒的多数が、将来に向けてもっと多くの希望や期待を生み出す時間をつくることを怠っていた。あまつさえ、最高幹部たちですら、ほとんどすべての時間を、将来に向けて新しいことに着手するのではなく、その日やるべきことの対応に費やしていた。

本人たちが自覚しているかどうかはともかく、その日やるべきことの対応に終始しているリーダーは、事態の把握も収集もできておらず、その日の問題に翻弄されていることを全社に露呈させているようなものだ。対応するのをやめて自分から事を起こせば、それだけで将来への希望を生み出すことができる。われわれが調査をしたある企業の社長は、大きな不況に直面したとき、このリーダーシップの難局に真っ向から立ち向かった。何千人もの従業員を前に、「経費を削減したり、一時解雇をしてこの不況を受け入れる」ことをきっぱりと拒んでみせたのだ。逆に、予定を上回る人員を採用し、いままで以上に積極的に新たな事業分野を追求して、この不況を「迎え撃つ」つもりだ、と語った。こうした積極性こそが希望を生み出し、無力感を払拭するのである。

「物事に積極的に着手することと、受け身の姿勢で対応することのどちらに多くの時間をかけていますか」。これは、調査のなかでわれわれがリーダーたちに定期的に尋ねている質問で、「積極的に着手する」という答えが返ってくるほうが多いのだが、実際のところ、圧倒的に多くの時間が「受け身の姿勢での対応」に費やされている。そこで、われわれは新たな調査として、いくつかのシナリオを提供し、優先順位をつけてもらった。すると、(4つのオプションのうち)ほとんどのリーダーが選ばなかった選択肢がひとつあった。「着手」にかかわる選択肢だ。リーダーたちは常に「対応」への欲求に従って本能的に優先順位を決めていた。「着手」と「対応」のどちらにより時間をかけているかを事前に尋ねてヒントを与えておいた場合ですら、結果は同じだった。まるでそうせずにはいられないかのように。

問題は、目先の問題にいかに効率的に対処できるかという能力に基づいて昇進人事が決められすぎることにある。この種の問題の解決に重きが置かれてしまうと、やるべきことをただこなしているほうがよしとされる。その結果、リーダーたちは何ができるかをほとんど考えなくなる、あるいはまったく考えなくなる、というやっかいな文化ができあがってしまうのである。

リーダーたちがひたすら待機モードに陥ってしまうもうひとつの理由は、そのほうが簡単だからだ。小さな目標――たとえば、毎日その日のうちに書類箱を空《から》にする――を掲げるほうがもっと大きくて革新的な目標――新製品の開発や、3年から5年で事業を倍に拡大する計画――に着手するよりもはるかに達成しやすい。何かをはじめるよりも問題を解決したり、障害を取り除くほうがずっと容易だからだ。

確かに有能なリーダーシップには困難な問題を解決する能力が欠かせないが、希望と期待を生み出すためには、今後の可能性を明確にすることのほうがはるかに重要だ。〈ティーチ・フォー・アメリカ〉のウェンディ・コップが実証したように、数千人もの教師、生徒、そして国全体に希望と期待を与えるためには、大きなビジョンと、アイデアを実現に向けて動かすことが必要だった。コップは自著にこう書いている。「ミッションを実現するには、理想的なビジョンがあるだけではダメだと学んだ。確かに、大きなアイデアは重要であり、欠かせない。が、そのアイデアを実現させるには、それを効果的に動かす仕組みがなければならない」

リーダーにとって最も困難なことのひとつは、組織に大きな成長をもたらす新たな取り組みに着手することだろう。あなたは、リーダーとして、希望を生み出し、フォロワーにこれから先の筋道を示せているだろうか。それができる人はリーダーであるあなたをおいてほかにいない。

まとめ——あなたを超えて広がり続けるリーダーシップ

金融資産を投資するときには、成功しているファンドや株、企業を選ぶのが常識だ。経営不振にあえいでいる企業に全財産を注ぎ込む人はいない。ところが、人的資源への投資となるとどうだろう。私たちは、ダメ社員のほうに、より多くの時間とエネルギーを注ぎ続けている。持って生まれた強みに磨きをかける手伝いをする代わりに、持たずに生まれた強みにせっせと投資しているというわけだ。

有能なリーダーの大半は、自分ではない誰かになろうとしても無駄だということをよく心得ている。だから、彼らは自分の強みに繰り返し投資する。ちょうどウェンディ・コップが目標を実現し続け、ブラッド・アンダーソンが新たな未来図を描き続けたように。ふたりが必要な人材と協力して未曽有の成功を収めることができたのは、自らの強みと限界を熟知していたからにほかならない。

リーダーは自分を変えない——そして、自分に必要な人材をまわりに置く。自分と似たような人間でまわりを固めるリーダーは、長い目で見れば、自分にない強みに協力を求められるほどゆるぎない自己を持つリーダーにはかなわない。インタビューに応じてくれたリーダーたちの発言からもわかるように、彼らは常に、自分たちよりもはるかにうまく何かをこなせる人材を探し求めている。

さらに、誰より有能なリーダーは人をついてこさせる。あなたの一生の仕事と使命を永久に残したければ、あなた自身がリーダーでいるだけでなく、あなたについてくる人たちを有能なリーダーに育てることも重要だ。スタンダード・チャータード銀行のマーヴィン・デイヴィスも言うように、育成した人材をすぐにリストアップできないようでは、偶然リーダーになってしまっただけかもしれない。彼が直属の部下全員にそのリストを書かせては、彼らの部下にも同じことをしてほしいと思っているのはそのためだ。広範な影響を及ぼすには、強固なリーダーのネットワークを構築するしかないことを彼は知悉《ちしつ》しているのだ。そうしたネットワークは、一度構築されたら、その後はひとりでに広がっていくことも。

傑出したリーダーが自らの成功を最終的なゴールととらえていないのは、そうした理由による。自分のインパクトを世界に広めてくれるのは、自分についてくる人たちだ、ということを彼らはよく知っているのだ。マーティン・ルーサー・キング・ジュニアは、1968年4月3日に次のような演説を行った(原注1)。「私は皆さんといっしょにそこへは行けないかもしれない。しかし今夜、皆さんにはこのことを知っておいてもらいたい。私たちはひとつの民として必ずや約束の地にたどり着くことを」。その翌日、キング牧師は暗殺された。しかし、彼の影響力はまさにこのときからはじまったのだ。

彼の死の翌日、キングの支持者はすでに数百万人に達していた。20世紀末までにその数は数億へと増えた。ひとりひとりが自覚しているにしろ、していないにしろ、今世紀末には数十億人がよりよい暮らしを送っていることだろう。キング牧師が39年という短すぎる人生で払った努力のおかげで。

リーダーの最終的な評価は、いま、あなたができることによって決まるのではない。あなたの死後もずっと広がり続けていくものによって決まるのではないだろうか。

Ⅳ

実践編

強みを活かして人を率いる

ストレングス・ファインダーを受ける

人間はひとりひとりまったく異なる。リーダーもまた例外ではない。最高のリーダーは、持って生まれた自分の強み——そして限界——を熟知している。さらに、その強みから最大の利益を得るには、どこに時間を投資すればよいかを知っている。どの分野で自分は生まれながらの才能に恵まれず、他人の協力を仰ぐ必要があるのかも。

では、あなたの強みと、あなたのまわりの人たちの強みを今後の足がかりにするためにはどうしたらよいだろうか。それには、本書を使って〈ストレングス・ファインダー〉にアクセスしていただきたい。〈ストレングス・ファインダー〉については、ベストセラー『さあ、才能に目覚めよう』（田口俊樹訳、日本経済新聞出版社）、『心のなかの幸福のバケツ』（高遠裕子訳、日本経済新聞出版社）をお読みいただき、すでにご存じの方もおられるかもしれない。この十数年間、50を超える国々で、数百万人がこの診断テストを受けて、自分の強みを見つけ、自らを理解するのに役立ててきた。

本書の巻末にある綴じ込みを見ていただきたい。そのなかに英数字が書かれているはずだ。それがあなたのアクセスコードである。このアクセスコードを使えば、〈ストレングス・ファインダー〉を実施することができる。すべての質問に答え終わると、あなたの優位を占める5つの資質が表示される。これをもとにして、第Ⅳ部に進んでほしい。資質は全部で34種類ある（**図表4—1**）。

第Ⅳ部では、34の資質の簡単な定義、それぞれの資質を使ってフォロワーの4つの基本的欲求に応

図表 4-1　ストレングス・ファインダーで明らかになる 34 の資質

アレンジ	最上志向	達成欲
運命思考	自我	着想
回復志向	自己確信	調和性
学習欲	社交性	適応性
活発性	収集心	内省
共感性	指令性	分析思考
競争性	慎重さ	包含
規律性	信念	ポジティブ
原点思考	親密性	未来志向
公平性	成長促進	目標志向
個別化	責任感	
コミュニケーション	戦略性	

えるための戦略、さらに自分と同じ資質にすぐれたほかの人たちを率いるためのヒントを紹介する。オンラインで受け取るのは、それぞれの資質のプロフィールだが、以下は、あなたのチームやまわりの人たちの強みをリーダーシップの足がかりにするためのガイドとして利用できるはずである。

〈アレンジ〉で人を率いる
Arranger

〈アレンジ〉の資質にすぐれている人は、組み合わせることが上手な一方、この能力を補完する柔軟性も備えています。この人は、最も生産性の高い組み合わせを実現するために、状況やプロジェクトのあらゆる要素や資源を何度も並び替えることが好きです。

信頼を築く

・真実を言ってもらうことが必要です。正直なフィードバックがなければ、必要に応じて途中で重要な修正ができないからです。真実を求めていること、そして考えていることを正直に言っても罰せられないことをまわりに知ってもらいましょう。同様に、自分も正直であるよう心がければ、互いを尊重できるようになります。

・新しいシステム、計画、または実施手順をつくるときには、あなたの考え方が周囲にはっきりとわかるようにしましょう。思考過程をオープンにすれば、皆があなたの推論を理解し、それに従ってくれるでしょう。

思いやりを示す

・ほかの人にとって何が適切か、ほかの人をどこに配置すれば成功するかを熟慮すると感謝されます。あなたには、人が得意なことを本人よりもはるかによく見抜くことができます。そうやって見抜いたことを本人に告げ、「ありのままでいいんだよ。一番得意なことをしていたらいいんだよ」と言ってあげましょう。フラストレーションを最小限に抑え、喜びを最大にしてあげることができれば、皆がより満ち足りた生活を送れるようになるでしょう。

・人はときに、ただあなたに助けに来てもらいたい、と思っています。混乱と不和に打ちのめされて、どうすることもできない気持ちになっているのかもしれません。過剰なストレスを背負い込みそうな人がいたら、事態を簡単にしてあげましょう。どんな要因もうまく組み合わせることができることを示すのです。そうして混乱を緩和してあげましょう。

安定をもたらす

・複雑で変わりやすい状況に対処できるあなたの能力は、明確な予定や計画が必要な人たちを安心させます。混乱をできるかぎり遠ざけ、膨大な情報を選り分けて、知る必要のあることや、する必要のあることを教えてあげるといいでしょう。周囲は大船に乗った気持ちになり、今後のことは心配ないという確信を強めます。

・万全に整えられた計画が混沌としたものになってしまうことがあります。ほかの人たちが認識する前にそれを指摘しましょう。そうすることで、皆が危険を避けることができます。重要なのは、厳しい管理よりも、安定した管理です。安心して仕事ができること。多くの人がそうしたリーダーシップを必要としています。それを提供できるのがあなたなのです。

希望を生み出す

・あなたには、人が自分に適した活動にかかわることができるよう手助けするだけでなく、すべきでないことを見つけ、それをやめるよう助言することができます。周囲の人たちは予定や義務でがんじがらめになっているように感じているかもしれません。あなたにはそんな彼らを解放することができます。仕事上の責任をもう一度整理するよう助言し、もっと満ち足りた充実した生活を送るよう勇気づけてあげましょう。

・未来をより充実したものにする前に、自分たちの時間や職責を整理し直して、現状をはっきりと見きわめたほうがいいときもあります。そういうときには、まず1週間にすべきことを書き込んだ予定表をつくらせて、時間ごとのスケジュールを明確にしましょう。そのうえで、生活の質を高める活動を組み合わせ、調整する方法を助言します。

〈アレンジ〉を強みとする人を率いる

・この人は何か新しいことに挑戦するときに才能を発揮します。知識や技術レベルに応じて、できるかぎり挑戦させるといいでしょう。

・要するに、この人は管理職にふさわしい器だということです。〈アレンジ〉の資質を活かし、ひとりひとり異なる強みを持つ従業員たちを、同じ目標に向かって一致団結させる術を心得ています。

・〈アレンジ〉以外の資質にも目を向け、〈規律性〉にもすぐれているようなら、業務が滞りなく進む手順、システムづくり、組織づくりにも才能を発揮してくれることでしょう。

・相互の信頼と協力関係を基準にチームをつくるのがこの人のやり方です。ですから、この人が信頼できないと思う相手、真剣に仕事に取り組まないと思う相手は、この人のチームに入れてはいけません。

〈運命思考〉で人を率いる
Connectedness

〈運命思考〉の資質にすぐれた人は、万物はつながっていると信じています。この人にとって偶然に起こることはほとんどなく、すべての出来事に理由があると考えています。

信頼を築く

・たとえ自分のためにならなくても、他人のために何かをせずにはいられない――それがあなたの人生哲学です。信念をことばに表しましょう。自分の価値観に基づいて行動を起こすのです。私欲を超えて行動し、持てるものを惜しみなく差し出せば、育ちや文化の違いにかかわらず、あなたがほかの人すべてを尊重していることがまわりにわかるでしょう。尊重の念は無私無欲の行為から生まれるのです。

・あなたは、人間に本来備わっている共通の性質を理解しています。それをフルに活用して、世界や異なる文化の人たちの架け橋の役割を果たすといいでしょう。グローバルな領域で働き、「私たちは私たち」「彼らは彼ら」という考え方を変えましょう。すべての関係者の利益になるように行動することこそ、あなたの信念と信頼の証です。

思いやりを示す

・あなたは絆を探し求めます。出会った人と共通の基盤をすぐに見つけられる質問を考えるといいでしょう。共有できる関心が見つかるまで、質問をし続けます。つながりが見つかったら、日々それを口に出して確認して感謝し、そこから人間関係の基盤をつくりはじめるのです。

・誰かと共通する分野を見つけたら、共有する信念や活動について尋ねるように心がけ、気にかけていることを相手に示しましょう。これを糸口に、相手の人生のほかの部分について会話を掘り下げていきます。あなたとの結びつきを相手の一面に限定せず、人物全体について知り合えるようにしましょう。

・同じ夢や意義のもとに人を集めるあなたの能力は重要です。あなたには、大きな全体のなかにある共通点が見えます。見つけたつながりで、まったく異なる人たちの人生を進んで結びつけましょう。本人たちですら認識していない絆に気づかせ、親しくなれるようにしてあげるのです。彼らのその後の人生に影響を及ぼすつながりづくりにひと役買うことができるでしょう。

安定をもたらす

・私たちは大きな存在の一部である、というあなたの考えは混乱のなかに平穏をもたらします。周囲の出来事から見出した、より大きな意味にまわりの目を向けさせましょう。道路のちょっとしたでこぼこは大きな存在の小さな一部にすぎないことを示すのです。人生で変わらないものと変わりやすいものの違いがわかる手助けをしましょう。現在の困難を大局に立って見るように導くのです。

・人は慣れ親しんでいるものに囲まれていると安心します。皆が安心を求めているときには、変わらないもの、共有しているものを指摘してあげるといいでしょう。自分がネットワークのなかにいることを思い出させるのです。つらいときにひとりぼっちではないと知るだけで、人は落ち着き、安心することができます。

・信じ合うことができると、強くなれます。相手との信頼関係があれば、先が見えないときや不安なときにあなたのサポートは非常に重要なものになるかもしれません。信頼から得られる安心――それを必要としている人がいたら、手を差し伸べてあげましょう。

希望を生み出す

・自分が簡単に見つけられるつながりを、皆がなかなか見つけられないことに、あなたは驚くかもしれません。さまざまな出来事やさまざまな人たちのなかで見つかる相関関係が皆にもわかるよう、手助けしてあげましょう。もっと大きな絵を見せることで世界観を広げてあげるのです。思いもしなかった分野で才能を活かして、その才能をさらに伸ばしてあげるにはどうしたらいいか。まったく違うタイプに見える人といっしょに仕事をさせたらどうなるか。大きなビジョンを共有して、新しい考え方が持てるようにしてあげるのです。

・あなたは、組織の構造によってつくられた限界や境界線に気づいても、それを継ぎ目のない流動的なものとして扱います。その〈運命思考〉の才能を利用して、業界や職務、組織内または組織間の階層的な部門で共有できる知識を阻む壁を壊すのです。さまざまなグループが共有する目標にいっしょに取り組む雰囲気づくりに励みましょう。

・才能、行動、使命、そしてもっと大きなグループまたは組織の成功に結びつくつながりが皆にもわかるように、手を貸しましょう。自分たちがしていることや感じていることがもっと大きな存在の一部であると信じられれば、誰しも達成への意欲が高まるものです。

〈運命思考〉を強みとする人を率いる

・この人は精神性を重んじる傾向があり、それが強い信念になっています。それはどんな信念なのか知ることです。その信念があなたの信念と異なっていても、ともかく認めるといいでしょう。そうすることで、意思の疎通が一気にスムーズになるでしょう。

・この人は進んで組織内での自分の使命について考え、その使命を推進しようとする人です。組織、すなわち「個」より大きな存在の一員であることに満足を覚え、発言や目標が及ぼす影響に進んで貢献してくれるでしょう。

〈回復志向〉で人を率いる

Restorative

〈回復志向〉の資質にすぐれた人は、問題に対処するのが上手です。この人は、原因を見つけて解決するのが得意なのです。

信頼を築く

・人は、あなたならきっとひとつの仕事を最後までやり遂げて、うまくまとめてくれるだろう、秩序を回復し、混乱を一掃してくれるだろう、と信じています。実際、そんなあなたには、システムを完全に回復させ、確実に機能させることができます。求められればいつでもそうした能力を発揮できると伝えれば、まわりの人たちに頼りにされるようになるでしょう。

・あなたは、ほかの人が不可能と考える状況に魅力を感じます。成功する見込みが少なければ少ないほど、その問題を解決してもとの状態に戻すことにやりがいを感じるのだと伝えましょう。困難なことに挑みたいというあなたの熱意を皆が尊重し、あなたを信頼するようになるでしょう。

思いやりを示す

・まわりの人たちは、問題を進んで解決しようとするあなたの意欲に感謝しています。物事を正したいという願望は、あなたが皆を気にかけているしるしだからです。皆が問題に気づく前にその問題を解決し、解決したことを知らせましょう。その行動があなたの思いやりと献身の証となるはずです。

・あなたを一番必要とするのは、落ち込んでいる人たちかもしれません。あなたはそういう人たちを見たら本能的に駆け寄り、精神的な支えになってあげようとするからです。誰より最初にそういう人たちに応えてあげる人になりましょう――助けが必要な人にできるだけ早く手を差し伸べ、援助と愛情を示すのです。相手は、あなたが肉体的、精神的痛みから立ち直るのを助けてくれたことを忘れず、あなたを最も身近な味方のひとりと見なすことでしょう。

安定をもたらす

・あなたは再建することに心引かれます。〈回復志向〉の才能を活かして、低迷しているプロジェクト、組織、ビジネス、またはチームを活性化させる計画を考案するといいでしょう。あなたが対応してくれると知れば、まわりの人たちは安心します。

・〈回復志向〉の才能を使って、問題防止のスケジュールやシステム、対策を考えましょう。あなたが将来起こりうることを分析したり、ミスを防ぐ予防措置を講じてくれたりしたことがわかると、誰しも心強く思うはずです。

希望を生み出す

・〈回復志向〉の才能を活かして、まずは「どうやったらもっとよくなるのか」と問いかける人間になることです。何事にも常に改善の余地はあるものです。仕事が完全に終わることはありません。たえずもっとすぐれたサービスや功績に向けて皆を駆り立て、鼓舞するのです。
・いつも不具合や短所ばかり見ている、と思われないように努めましょう。現在のサービスやパフォーマンスを認めて、それをさらに向上させる方法を提案されたら、さらに上を目指したいというその人の意欲を後押しします。

〈回復志向〉を強みとする人を率いる

・この人は最も大切な顧客に関係のある問題を処理する部署に配属するといいでしょう。大いに意欲的に問題の発見と解決に取り組んでくれるでしょう。
・この人が問題を解決したら、その功績を高く評価することを忘れてはいけません。困難な局面を打開する、そのひとつひとつがこの人にとって成功であり、この人はあなたにも同じ見方をしてほしいと思っています。障害を取り除き、前進するこの人の能力は、誰もが頼りにしています。そのことを本人に伝えるのも忘れないようにしましょう。
・この人には、何を改善したいかを尋ね、それを自分の半年の目標とするよう指示します。そうした指示や明確さはむしろ歓迎されることでしょう。

〈学習欲〉で人を率いる

Learner

〈学習欲〉の資質にすぐれた人は、学ぶことが大好きで、たえず向上したいと思っています。この人は特に学習の成果よりもプロセスを愉しむタイプです。

信頼を築く

・まだ学んでいる最中だということを率直に認めましょう。自分の学習について率直でオープンでいることにより、あなたが皆と同等であること、そして一方的な期待ではなく互いに期待し合う関係にあることを示すことができます。

・自分よりもすぐれた知識を持っている人を尊重しましょう。あらゆる分野で部下よりも「進んで」いなくてはならない、と感じるリーダーもいますが、そのような現実離れした非生産的な考えは進歩を妨げます。ほかの人が知っていること、知る能力があることに関心を示し、それを高く評価して、尊重の意を表しましょう。彼らをその分野の専門家と見なし、耳を傾けるのです。

思いやりを示す

・共に学ぶことによって、互いの弱みをさらけ出し、新たな発見を得ることができます。何かを学ぶことを決めたら、いっしょに学べそうな人がほかにいないか考えましょう。そして、ほかの人を誘えるほどの気持ちになったら、それがその人との共通の思い出と絆を生む機会になるかもしれません。

・プロジェクトの完了、証明書の取得、スペリング・テストの優秀な成績、成績の向上——どんなものであれ、ほかの人の学習を評価し、誉めることです。その人を成長させる勤勉さと努力を理解していることを本人に伝えるのです。その際、その成果がすばらしいものであると同時に、その学習過程のメリットを認めていることも強調しましょう。学習者だけでなく、学習すること自体にも価値があると伝えるのです。

安定をもたらす

・誰かの成長に投資するときにはこう言いましょう。「君は重要だ。君は長いこと、ここにいることになる。だからこそ君に投資するんだ」。こう言えば、あなたが——つかのまではない——長続きする関係を期待していることが相手にはっきりと伝わります。そのことばを声を大にして言いましょう。長期的に見守っていくことを伝えるのです。

・学習は時間を要します。ほかの人たちが学ぶのをじっくりと待つあなたの姿勢は、彼らが使い捨てではないこと、あなたが彼らの価値を信じており、その成長をこれからもそばで見守ることを自ずと伝えることになります。

希望を生み出す

・社内には同じように学ぶことに強い興味を抱いている人が、ほかにも大勢いるかもしれません。会社規模の継続的な学習プログラムをつくって、その情熱に火をつけましょう。

・学習したことをパフォーマンスに反映させるには、リサーチが役立ちます。学習し、成長する機会があると、従業員の仕事への熱意と生産性、忠誠心が高まります。ですから、皆の学習意欲を測り、個人に合わせた学習プランを作成し、その達成に報いる方法を考えるといいでしょう。たとえば報奨金を提示したりして、学習の進み具合を目で確認できるようにすれば、さらに皆をより大きな学習目標へと駆り立てることができます。

〈学習欲〉を強みとする人を率いる

・この人には状況が刻々と変化する分野で、その変化に即応しなければならない職責を与えます。この人は変化を自分に対する挑戦と見て、意欲を燃やすタイプです。

・それが義務であろうとなかろうと、この人は新たな事実や技術や知識を貪欲に身につけようとします。ですから、学習により適した環境を求めて組織を離れていくことがないよう、この人が自由に学習できて、モチベーションを維持できる方法をあれこれ考えるといいでしょう。仕事を通して学習できる機会に欠けるようなら、この人の関心が向かいそうな地元の大学の講座に通わせるのも一案です。ただし、この人は必ずしも昇進を望んでいるわけではないということを忘れないように。この人にとっては学習することそれ自体に意義があるのです。学習の成果ではなく、学習のプロセスそのものがこの人を活性化させるのです。

・得意分野の第一人者や部内の専門家になることを促し、そのための講座を受けられるよう手はずを整えます。必要に応じて企業外で教育を受け続けられるよう経済的にも援助します。認めてあげるのも、この人のその後の励みになるでしょう。

・同じ分野の第一人者のそばで仕事をさせ、学習欲が刺激される環境に置きます。

・企業内の討論会やプレゼンテーションを取り仕切るよう促します。人に教えることほど自らが学習できる機会もないからです。

〈活発性〉で人を率いる
Activator

〈活発性〉の資質にすぐれた人は、思考を行動に変えて事を成し遂げることができます。この人は、何かが起こるのをじっと待っていられないため、しばしばせっかちになります。

信頼を築く

・行動がすべてです。行動することによって、自分の理想と理念が口先だけではないことを示します。大切にしている価値を広められることをしましょう。周囲に変化を起こすのです。行動が一貫していることを身を持って証明し、有言実行を心がけます。
・ただ行動するがための行動では不十分です。周囲の要望に応え、彼らを尊重していることを示します。これが皆の望む方向性なのでしょうか。あなたが発案することを皆も実現させたいと思っているでしょうか。ただ自分のやりたいことだけをするのではなく、周囲のことも考えるように心がければ、リーダーシップに必要な信頼と尊敬を確立できるでしょう。

思いやりを示す

・〈活発性〉の資質は、1対1の関係をつくり、それをさらに深める促進剤になります。助けてあげられる人がまわりにいますか。いたら、手を差し伸べてあげましょう。最初の一歩さえ踏み出せば、ネットワークを広げたり、結びつきを深めたりして重要な友人関係に発展させることができます。

・迅速な行動は強力なメッセージになります。相手を気にかけていることを行動で示せば、ことばよりもはるかに早く絆をつくることができます。

安定をもたらす

・安定は〈活発性〉とあまり関連がないように思えます。しかし、一貫性は安定の一部です——あなたは、ほかの人たちが困難を乗り越えて、抵抗を打ち破るのをたえず助けてあげています。自分は障害を突破し、目標を達成しながらハードルを上げていくのが好きだと伝えましょう。常に手を貸してもらえるという事実が、行動力がない人たちを安心させるのです。

・勇気は、あなたが提供できる安定の一部といえるのではないでしょうか。皆が二の足を踏んでいるとき、あなたが背中を押してくれるとわかっていると、ひとりでやらなくてもよいという安心感が生まれます。あなたとなら早く目標を達成できると頼りにされるようになります。

希望を生み出す

・失敗への恐怖を和らげることで、皆の力になることができます。「やってみなければわからない」が〈活発性〉のモットーです。ポジティブな結果を信じ、ネガティブな結果への不安を和らげる能力は、非常に役立ちます。「最悪の場合、何が起こるっていうんだ？」と尋ねてみてはどうでしょうか。最悪の事態になっても、それほどひどいことは起こらないと言って安定をもたらすことも人を率いる方法であり、あなたの力を貸さなくてもより早く目標を実現するひとつの手段になります。

・ときに、ただ行動を起こす恐怖から脱するために、あなたのエネルギーが必要とされることもあります。新しいことをはじめるときには誰でもひるみがちです。先がよく見えない状態では、なおさらです。「片方の足をもう片方の前に出す」というあなたのアプローチは、周囲のためらいを軽減することができます。イニシアチブや新たなプロジェクトをはじめることができるように、皆の自信を高めてあげるといいでしょう。エネルギーを分け与え、応援してあげれば、周囲の気持ちに弾みをつけることができます。

〈活発性〉を強みとする人を率いる

・この人に合う分野を選び、企画の立案および推進を任せます。

・この人には始動能力があること、それをあなたが信じていること、ここというときに頼りにしていることを伝えておきます。この人にとって期待はエネルギーの源になります。

・停滞し、議論を重ねるばかりで成果をあげられないチームを任せます。そういうチームを前進させる活性剤となるはずです。
・この人から苦情が出たときには真剣に耳を貸します。その苦情から、逆にあなたのほうが学ぶこともあるかもしれません。ですから、この人のそばに立ち、この人が率先できる新たな計画や実践できる改革について話し合います。ただ、この人にはすばやい対応が必要になります。放っておくと、業務の障害となる要因を生み出す可能性もあるからです。
・〈活発性〉以外にきわだった資質がないか探ります。〈指令性〉にも秀でていたら、販売や勧誘に天性の才能を発揮してくれるかもしれません。また、〈親密性〉や〈社交性〉の資質を持っているようなら、人材登用にすぐれた手腕を発揮し、新人の発掘および戦力増強にひと役買ってくれるかもしれません。
・障害に頻繁にぶつからないよう、この人には〈戦略性〉または〈分析思考〉にすぐれた人を組ませます。そういった人たちは、〈活発性〉にすぐれた人が岐路に立ったときに大いに助けとなります。しかし、戦略や分析が先走り、〈活発性〉の障害になりそうなときにはあいだに入って調整します。

〈共感性〉で人を率いる

Empathy

〈共感性〉の資質にすぐれている人は、ほかの人たちの生活や状況におかれた自分を想像して、その人たちの感情を察することができます。

信頼を築く

・やっかいな状況にある人がいた場合、その人にも自分の複雑な胸中をことばで明確に表せるようにしてあげましょう。その人の気持ちを尊重し――たとえその気持ちに賛同していなくても――表現する必要のあることを自由に表現させてあげましょう。そうした感情を認め、それに誠実に対応することで、信頼を築くことができます。

・信頼を最も重要なものと考えるあなたには、多くの同僚が気がねなく自分の考えや気持ち、心配、要望を打ち明けに来ます。口の堅さと、心から役立ちたいというあなたの思いは、大いに評価されるでしょう。

思いやりを示す

・人の幸せを見ることは、あなたにとって何よりの喜びです。ですから、人の成功に光を当てるチャンスを敏感にとらえ、その人の成果を積極的に宣伝しましょう。機会あるごとに、やさしいことばで彼らのしたことを評価し、それを認めてあげましょう。そうすることによって、相手に深い感銘を与えることができます。

・あなたにはときに、本人よりも早くその人の気持ちを理解する力があります。この不思議な鋭さは、相手を狼狽させることもあれば、相手を慰めることもあります。質問して、あなたがすでに感じていることに気づけるようにやさしく導きましょう。自分の気持ちを特定し、自己発見への筋道をつくる手助けをしてあげれば、あなたはその人の大切なパートナーになることでしょう。

安定をもたらす

・あなたは人の気持ちに敏感で、場の雰囲気をすぐに読み取ることができます。その才能を使って、皆が理解し、サポートし合えるように橋渡し役にまわりましょう。このような〈共感性〉の才能は、試練のときにことさら重要なものになります。それがリーダーとして皆を気遣っている証となり、それをもとに安心と忠誠心が築かれるからです。

・忍耐力と理解力があなたの特徴です。人の言うことにじっくり耳を傾けましょう。性急に判断を下してはいけません。干渉をせず、自分の考えと気持ちを十分に整理する時間を与えれば、皆の気持ちはより安定し、より落ち着いたものになります。

希望を生み出す

・多くの人が、あなたを信頼のおける友人またはメンターとしています。その関係に満足していることをはっきりと伝えて、彼らがさらに気軽に近づくことができる相手となることを心がけましょう。彼らの願望について気づいていることをことばで表現し、励ますのもいいでしょう。いっしょに想像力を働かせて夢を後押しし、それがかなうように導くのです。

・あなたは〈共感性〉の才能によって、先のこととその反応を予想することができます。人がどう感じているかに気を配っているため、社内の変化をいち早く直感的に知ることができるのです。ポジティブな感情が生まれているときには、それに全員が気づくよう手助けしましょう。その感情からグループ全体が希望を生み出すことができるようになるでしょう。

〈共感性〉を強みとする人を率いる

・この人が涙を流したら、思いやることはあっても過剰反応してはいけません。涙はこの人の生活の一部で、他人の喜びや悲しみに当人より心を動かされ、まるでわがことのように喜んだり、悲しんだりするのです。

・〈共感性〉が特別な天賦の才であることを自覚させます。この人にとっては、あまりにも自然のことなので、ほかの人も自分と同じと思っているかもしれず、また〈共感性〉が強いことを恥ずかしく思っている場合もあるからです。それが長所であることをわからせ、すべての人のために活かせる方法を示すといいでしょう。

・この人は論理的にというより直感的に決定を下すので、ある行為が正しいと思っていても、その理由を明確にことばで説明できないことがありますが、この人の直感的判断が正しいことはよくあることです。だからこの人には、「われわれがすべきことについて、心の奥底ではどのように感じているのかな?」という尋ね方をするといいでしょう。

・この人には積極的で楽天的な人といっしょに仕事をさせます。そうすれば、相手の性格に感化され、意欲がわくはずです。逆の言い方をすれば、悲観的な冷笑家といっしょに仕事をさせてはいけないということです。彼らはこの人を意気消沈させることしかしないでしょう。

〈競争性〉で人を率いる
Competition

〈競争性〉の資質にすぐれている人は、競争相手の成果を基準に、自分の進歩を評価します。この人は一番になることを目指し、競争に無類の喜びを見出します。

信頼を築く

・いかさま師は決して成功しません。「どんな犠牲を払ってでも勝つこと」は勝利ではない、と覚えておきましょう。勝つこととは自分を打ち破ることです。その究極の勝利を目指すときには、誠実さを失わないようにしましょう。勝利の代償が負ける痛みよりも大きいこともあるからです。

・築いた信頼を守りましょう。競争心のせいであなたへのまわりの敬意が損なわれないように、ときには「試合を途中でやめる」ことも必要かもしれません。ときに感情をぶちまけるのもいいでしょう。それも悪いことではありません。ただし、あくまでも「審判」が見ていないところでやるように。

思いやりを示す

・競争者たちはほぼ瞬時に互いを見分けます。同じように勝ちたがっている人を見つけたときには、競い合うにしろ、最強のチームをつくって共に戦うにしろ、そうすることで共通の目標で結ばれた絆をつくることができます。

・ほかの人たちが毎週愉しんでいる競争にいっしょに取り組むことができますか。それができれば、目標へのアプローチと関心を共有することにより、持続的な関係をつくることができます。競争相手と積極的にかかわり、その関係づくりの機会を活かしましょう。

・全力で挑んでも、後味が悪い結果を迎える競争もあります。競争の愉しい面を引き出すようにしましょう。壁よりも感情的な結びつきをつくるよう努めることです。皆がすべての活動に同じ熱心さで臨んでいるわけではありません。「試合」をしている理由も人それぞれです。それを理解し、尊重していることをまわりに示しましょう。

安定をもたらす

・チームは優勝すると自信を深めます。個人やチームに最善の力を出させるにはどうしたらいいでしょうか。プレーヤーたちがそれぞれの強みを活かして成果をあげられるように配置するのです。成功し、能力を発揮し続ける可能性が高まること請け合いです。彼らが天賦の才能に基づいて最高のパフォーマンスができることを周囲に示しましょう。

・負け戦をしているときには、最終的な目標を忘れないようにすることです。どんなに長い道のりでも頑張ることを忘れず、周囲にもそれを伝えます。これは失敗ではなく、継続的な努力の一環だと告げて安心させるのです。

希望を生み出す

・ほかの人たちのよきサポーターになりましょう。彼らには一番になれるものがある、と信じていることをことばで表しましょう。あなたには、本人にはわからない潜在的な能力を見抜くことができます。あなたが気づいた才能に注目させ、その才能を強みに変える方法を学べるよう手を貸しましょう。

・会社が超えなければならない基準はなんですか。皆が明確な目標を持てるように、それを発表しましょう。

・一番になること――あなたにとって重要なのはそれだけです。勢い、勝てるとわかっている分野で勝負することになります。リーダーとして、グループが真に秀でている市場の需要を特定し、自分たちの強みと競争力を明確なことばで定義しましょう。そうすれば、グループも企業もかつてない成功に向けて舵を切ることができ、グループ内の楽観的な雰囲気が高まります。

・あなたは、業績に対する実世界での評価基準を知っています。この才能を使って、企業内外における世界クラスのパフォーマンスを特定し、真に重要な業界基準を確認します。これらの基準に照らして自分たちの会社を評価し、それを超えるように皆を鼓舞します。

〈競争性〉を強みとする人を率いる

・ほかの人と比較した結果をもとに評価を下します。同じタイプ、つまり競争心の資質を持つ人との比較が特に有効です。ときには全従業員の業務成績を公表せざるをえないようなこともあるかもしれませんが、そうした公の場での比較を愉しめるのは〈競争性〉にすぐれた人だけだということを忘れないようにしましょう。〈競争性〉のない人たちはむしろ憤りや屈辱を覚えます。

・競い合う場を設けましょう。あなたの組織には適当なライバルが見つからず、ほかの部署から相手を連れてこなければならないような場合にも、とにかく他者と競い合わせることです。この人は技術レベルにほとんど差のない人との競争を好みます。自分よりレベルの低い人との競争は、あまりやる気が起きません。この人を活かす最良の方法のひとつは、より卓越した成果が得られる人（その人もまた〈競争性〉にすぐれた人でなければなりませんが）をまた別に雇うことです。

・才能全般について話し合います。〈競争性〉の資質を持つ人は誰も皆、勝利者になるには才能が欠かせないということを知っています。この人の才能を把握し、勝つにはすべての才能をあますところなく活用する必要があることを伝えます。ただし、勝利が昇進につながると思わせてはいけません。ピーターの法則（階層社会の構成員は各自の能力を超えたレベルまで昇進すること）を体験させてはいけません。真の才能が活かされる分野で勝利を手にすることに集中させることです。

〈規律性〉で人を率いる

Discipline

〈規律性〉の資質にすぐれている人は、日々の日課を決め、身のまわりを秩序立てることを心がけています。この人にとって世界とは、自分のつくり出す秩序そのものなのです。

信頼を築く

・やるべきことは必ずやり遂げる――人はそんなあなたの妥協しない姿勢を尊重します。その姿勢を保ちましょう。そうしていれば、あなたの一貫性が必ず行動に表れます。

・細かなところまですべてをきちんと実行するあなたは頼りになる存在です。皆の期待に毎回応えれば、その規律性から信頼が生まれます。周囲は結果を出し続けるあなたに一目置くようになるでしょう。

思いやりを示す

・秩序を重んじるあなたは、規律性を必要とする人たちのすばらしいパートナーです。自分にない他人のポジティブな特徴を見つけて、誉めましょう。そして、互いの真価を認め合うことで人間関係を築きましょう。お互いの足りないところを補い合う――頼り頼られる最高のパートナーシップとはそんな関係のことです。

・人が見落としてしまう細かな点に気を配り、対処してあげることで、思いやりを示すことができます。思いやりのある友人の役を買って出て、瑣末《さまつ》なことにとらわれている人を楽にしてあげられる道を探りましょう。あなたのおかげで、相手の人生は愉しいものとなり、同時にあなたも感謝されます。

安定をもたらす

・あなたなら決めたことは確実にやり遂げてくれる、とまわりは期待し、あなたは実際にその期待に応えます。あなたは必要なことを必要なときにする人です（それも事前にやっていなければ）。進捗状況を伝えて、約束したとおりに事が滞りなく進行していることをまわりに示しましょう。言ったことは必ず実行してくれるとわかれば、周囲はあなたにプロジェクトを委ねていることに安心できるでしょう。

・「秩序立てたい」というあなたの欲求にいらいらする人もいます。あなたが状況をコントロールしていることを皆に知らせて、秩序から生まれる安心と落ち着きを共有するといいでしょう。プロジェクトの各段階が期日までに完了し、すべてが計画どおりにいくことを理解させてあげましょう。重要なことは見過ごされたりしない、とわかれば、皆安心して得意な仕事に打ち込んでくれるでしょう。

希望を生み出す

・パフォーマンス目標があると、あなたはがぜん張り切ります。毎日、毎週、仕事を滞りなく進めることが好きだからです。そんなあなたの生産性に気づいて、あなたのパフォーマンス目標からヒントを得ようとする人たちが出てくるかもしれません。タスク、目標、進捗状況をくわしく伝えて、関心を持っているチームメイトと共有しましょう。あなたを手本として、奮起する人も出てくることでしょう。

・〈規律性〉の才能がきわだっていない人に、あなたのやり方や秩序立てを強要しても効果はありません。あなたのようには秩序を重んじていない人たちを変えようとするよりも、彼らが得意なものを探すといいでしょう。その分野で彼らをサポートし、励ますのです。

〈規律性〉を強みとする人を率いる

・この人にはでたらめで無秩序な状況を体系づける機会を与えます。規則性のない混乱した状況では、この人はまったく落ち着くことができないので（そんなことをこの人に期待するほうが間違っています）、秩序が回復し、展望が見える状態になるまでは休もうとさえしないでしょう。

・決められた一定の期間に複数の仕事をしなければならないとき、仕事の優先順位をつけることがこの人にはきわめて重要です。ですから、時間をとってでもいっしょに優先順位を考えましょう。優先順位が決まったら、むやみにそれを変更しないことです。

・必要なら、あなたが計画を立てたり、あなた自身の仕事を系統だてたりする手伝いを頼むといいでしょう。あなたの業務上の時間配分の見直しにしろ、部門全体の業務手順のいくつかを改善する計画の再検討にしろ、それがこの人の強みであることをほかの従業員にも伝え、同じような状況が生じ、助けが必要になったら、この人のところへ行くように勧めます。

・仕事を効率よくこなしていくうえで、〈規律性〉は心強い味方となります。柔軟性や臨機応変な対応が求められる環境で仕事をしなければならないときには、起こりうるさまざまな状況への対処法を自分なりに決めておくよう助言します。そのようにして、まえもって対処法を決めておけば、たとえ突発的なことが起きてもこの人をむやみに動揺させないですむでしょう。

〈原点思考〉で人を率いる

Context

〈原点思考〉の資質にすぐれた人は、過去について考えることを愉しみます。この人は、過去を調べることで現在を理解するのです。

信頼を築く

・人の共感が得られそうな身の上話をしましょう。自らの過去を少し打ち明けて無防備な姿を見せることで、信頼への道が開けます。

・相手が厭わなければ、その人の過去や普段の出来事を話してくれるよう水を向けてみましょう。相手が打ち明けてくれたときには、自分を信頼してくれたことを大切に思うことです。

思いやりを示す

・あなたはまわりの人たちのルーツ、経歴、人生の形成時期に関心を持っています。あなたにとってすばらしい会話は、「君の人生の転機について聞かせてほしい」ではじまります。互いにとって愉しいストーリーを引き出せる質問をしましょう。関心を示すこと——それは思いやりの証です。

・誰かが語った話を細かなところまで覚えておき、それらを通してその後も気持ちを通じ合わせていきます。あなたたちふたりにとって意味のあることが聞こえたら、部屋の反対側からアイ・コンタクトをとるといいでしょう。そうすることで、その人の言うことに耳を傾け、話した内容を覚えていること、その人とつながっていることを示すのです。

安定をもたらす

・安定は、〈原点思考〉に関連しています。世界には新しいものなどひとつもない、という感覚は、いま経験していることは以前に経験したことであり、これからもまた経験することを意味しています。以前の試練をくぐりぬけたという事実は、私たちに不屈の精神と回復力があるという証であり、成功への新たな手段を模索する自信と勇気を与えてくれるものです。

・歴史は忍耐を教えてくれます。広い視野から物事を見ると、理解と安心が深まります。今日の問題を歴史的にどう見るかを明確に示してあげましょう。過去を教師として、その教訓から知恵を見出すよう勧めるのです。

希望を生み出す

・「なぜそのような決定をしたの？」「以前、このような問題や状況に対応したことがあるかい？」という質問をしましょう。適切な質問と親切なアドバイスがあれば、状況を全体から把握し、失敗を繰り返さずにすみます。自分たちにはすでに実証された強さがあること——そして、これからもそれを実証していくこと——がわかるようにしてあげることによって、希望を与えることができます。

・過去を現在と未来に結びつける方法を示して、まわりが自分たちの人生と現状を理解できるよう手助けします。重要な決断、試み、成功、そして転機を含めた人生のタイムラインをいっしょにつくるといいでしょう。それぞれの段階で学んだことを尋ね、それをもとにいまできることを考えるように導きます。

・込み入ったアイデアや提案の基本事項を簡潔にまとめ、本来の目的やその背後にある理由を理解できるよう手助けしましょう。進展中の計画やアイデアを原点まで遡り、それらを疑問視している人たちに本来の目的を示します。こうした行為が、チームの使命を強固なものにします。

・企業の目標や価値観の根底には、過去から生まれた知恵があります。それを同僚たちに思い出させましょう。その本質がわかるさまざまな逸話を広め、企業の歴史を絶やさないようにします。過去の洞察を理解することにより、さまざまなアドバイスやひらめきを得ることができます。あなたは知識の番人——または、少なくとも知識を集めて記録する人——になることができますか。それができれば、のちのち感謝されることでしょう。

〈原点思考〉を強みとする人を率いる

・この人に何か用件を頼むときには、その経緯を丁寧に説明します。この人は物事の原点や背景が理解できないと、イエスとは言いません。

・問題が何であれ、その問題に関連する秘話や逸話を集めて、個々の話から学ぶべき点を選ぶように指示します。これらに関する学習会を開くよう勧めてもいいでしょう。

・社風の礎石となるような行動を実際にとっている人たちの逸話を集めるように指示するといいでしょう。ニューズレターや研修講座、ウェブサイト、ビデオなどいろいろなかたちで、その逸話を広める機会を与えるのもひとつの手です。そうすることで社風の強化が図れるでしょう。

〈公平性〉で人を率いる

Consistency

〈公平性〉の資質にすぐれた人は、地位に関係なく人を平等に扱う必要性を強く信じています。この人は、明確な規則を定め、それを忠実に守ることにより、例外をつくらないようにします。

信頼を築く

・グループまたは企業の規則やプログラムに従うことで、信頼を育みます。自らが規則を遵守することによって原則を重んじる姿勢を示し、規則が誰にでも平等に適用される雰囲気をつくり、規則を守るようまわりを促します。

・自分の立場を利用する人たちもいますが、平等主義のあなたはそのような行為を拒絶し、社内の大多数の人たちと同じ目標や基準に従うことを好みます。この「対等な立場」というポリシーに徹して尊敬を勝ち取り、支持者たちをまとめましょう。

思いやりを示す

・人がどう行動するか——そして、どう反応するか——を予測できると、自信を持って人間関係の行方を考えることができます。あなたの人間関係に〈公平性〉がどのように影響しているか考えてみましょう。必要なときにはいつも人のそばにいてあげていますか。常に思いやりを示し、気にかけてあげていますか。最も親密な関係の根底にあるものを分析し、〈公平性〉の才能がどのような役割を果たしているかを考えてみましょう。その後、交友関係を広げるためにこのパターンをどう活用できるか考えるのです。

・ほかの人の公平と平等を重んじる姿勢を評価するとき、あなたはその人がどんな人か確認して、サポートと理解の礎をつくります。あなたは、似たような信条で生きている人たちと一番うまくやっていくことができるでしょう。機会を見つけては、共感できる価値観と理想を持つ人を誉めてあげましょう。彼らがいかに世界をよりよい場所にしているか話すのです。相手が得意とすることを知っていること、あなたが相手を気にかけていることがよく伝わります。

安定をもたらす

・期待されていること、許されないことがわかると、人は安心します。うっかりそれに背いてしまわないように、規範を教えましょう。

・あなたの行動規範がわかっていれば、まわりはそれが常に守られると確信することができます。自分と他人の期待を常に裏切らないこと――それがいかに重要かをことばで表しましょう。そうすることで、規則だけでなく、その根底にある信条も伝わり、規則から離れた状況でのあなたの行動がまわりにも予測しやすくなります。

希望を生み出す

・ほかの人があなたに助けを求めてくるのは、あなたの一貫した態度に安心したいからかもしれません。「困ったときにはサポートするよ」と請け合ってあげると、まわりのよい励みとなります。

・あなたは自分を弱い者のサポーターだと思っているかもしれません。それはあなたにとって幸せなことのはずです――あなたのサポートは、トップにいる人たちだけでなく皆のものなのですから。悪戦苦闘している人たちを励ましましょう。その際には、ひとりひとりに合った成功のパターンを考慮してあげることです。自分に合わないやり方で目標を達成しようとしていて、方向修正が必要かもしれないからです。その人に合ったパターンを見つけて、チャンスを最大限に活用できるように力を貸してあげるのです。

〈公平性〉を強みとする人を率いる

・新たな業務を日常的に行う必要が生じた際には、この人の助けを得て、その履行形式を決めるといいでしょう。

・分析が必要な仕事では個人の分析ではなく、集団の分析を任せます。この人は個人の特性より集団全体の特徴をつかむことにその力量を発揮します。

・マネジャーとして、絶対的な規定を一律に適用することを強いられ、従業員ひとりひとりの力量に応じた対応ができないときには、この人にも参加してもらい、対処してもらうといいでしょう。当然のようにすべてを公平な目で判断し、さらにそれぞれの判断について、納得のいく説明もしてくれるでしょう。

・性格も能力も異なる多くの従業員を公平に扱わなければならない状況で、この人はその規定を説明する役割に最適の人です。

〈個別化〉で人を率いる

Individualization

〈個別化〉の資質にすぐれた人は、ひとりひとりが持つユニークな個性に興味を引かれます。この人には、さまざまな個性を持つ人たちによる生産性の高いチームをつくる天賦の才能があります。

信頼を築く

・あなたには、人が知ってほしいと思う以上のことがわかるときがあります。秘密は固く守り、洞察したことは1対1のときだけ共有するようにしましょう。ほかの人たちに話してほしいかどうかはその人が決めるべきことだからです。
・独特な個性を見抜くあなたの直感は、皆から信頼されます。誰かの印象を尋ねられたときには、できるだけポジティブな面に注目して、その信頼をさらに強化しましょう。
・相手の欲求や強み、スタイルに応じて接しましょう。これを「えこひいきしている」と見て、不信感を抱く人も少なくないかもしれません。この〈個別化〉の資質を、卓越した業績と人道的観点から擁護できるようにしておくと、周囲はあなたの決定を信頼するようになるでしょう。

思いやりを示す

・人はしばしば——知り合って間もないときにはことさら——あなたの鋭い観察力に驚きます。「どうしてわかったの？」と言われたことがこれまでに何度もあることでしょう。しかし、つきあいが深まるにつれて皆、自分たちの行動、モチベーション、才能に関するあなたの考えや見識をもっと深く知りたくなります。彼らにとって、あなたは「鏡」でもあり、貴重な意見の提供者でもあるのです。そんな彼らには自分についてもっと多くを語ってもらい、その観察力を試すといいでしょう。そして、人が語ってくれたことは受け入れ、そのまま認めることを心がけましょう。

・あなたは「贈る」という天賦の才能に恵まれています。たとえば、それほどよく知らない人にも、その人にぴったりのプレゼントを選ぶことができます。ささやかな贈り物を見つけ、それを思いがけないときに渡すと、瞬時に人間関係を確立することができます。このようなアプローチをして、それが驚きと喜びの表情で報われるのを愉しみましょう。自分にぴったりのプレゼントをもらって喜ばない人はいません。小さなサプライズで、人の人生に喜びを与えるのです。

安定をもたらす

・あなたの観察力は、安定をもたらすのに不可欠です。あなたは、ひとりひとりの願望や欲求をよく知ることでその人を適切な部署に配属することができます。その結果、誰もが自分の最も得意なことができるようになり、自信を深める結果につながります。

・「あらゆる一般論は間違いだ。この一般論も含めて」。あなたならこのフレーズが気に入るでしょう。ひとりひとりの状況を承知しているあなたに理解されていると感じることで、皆が安心をします。彼らの今後について決断を下すときには、規則や従来の常識にとらわれず、彼らにしかない才能と欲求を考慮することをきちんと本人に伝えておくといいでしょう。

希望を生み出す

・あなたには人のことを本人以上に予見できることがあります。一貫した行動パターンに気づく才能を活用して、本人に見えていないものに本人が気づくよう手を貸してあげましょう。その人としてはめったに使わない才能を活用することになり、何度も同じ落とし穴に陥らないように助けてあげることができるかもしれません。さらにフィードバックしてあげ、夢と願望がスムーズにかなうように手助けするのも悪くありません。

・人は自分に合った環境にいるときに最も高い生産性を発揮する——あなたはそのことを本能的に知っています。部下たちが自分の好きなスタイルで働ける方針——自分に合った洋服、オフィスの内装、就業時間を選べる方針——をできるだけ実践しましょう。このような方針を通して、彼らを仕事に引き込んで、やる気にさせ、力を最大限に発揮できるようにするのです。

・あなたは、さまざまなライフスタイルや文化を持つ人たちに適応し、直感的にひとりひとりに合わせたやりとりをすることができます。こうした才能を意識的かつ積極的に活用して、組織の多様化やチーム力づくりに率先して取り組みましょう。

〈個別化〉を強みとする人を率いる

・人事会議にはこの人が欠かせません。候補者ひとりひとりの強みと弱点を冷静に判断することができるからです。また、〈個別化〉の強みを駆使して適材適所を考えることによって、組織の生産性も向上させてくれるはずです。

・必要に応じて、自らの強みを活かしている従業員に相応の給与を支払うための能力給システムづくりにも参加してもらいましょう。

・社内の研修を担当させたり、新入社員の教育係を任せます。この人は、ひとりひとりに適した指導法を見きわめる能力に長けています。

・さらに、〈個別化〉以外にもきわだった資質はないか探ります。〈成長促進〉や〈アレンジ〉にもすぐれているようなら、管理職に適した能力も備えているはずです。〈指令性〉と〈社交性〉にもすぐれているようなら、見込み客を常連客にするといったことにおいても才能を発揮してくれるでしょう。

〈コミュニケーション〉で人を率いる
Communication

〈コミュニケーション〉の資質にすぐれている人は、自分の考えを簡単にことばで表現することができます。話すことがうまく、プレゼンターを務めることが上手です。

信頼を築く

・あなたは、人をその気にさせたり、操ったりするのにことばを巧みに利用することができます。しかし、その効果は時間とともに薄れていきます。人をその気にさせることばは短時間であれば説得力を発揮しますが、場合によってはまわりの感情を害するかもしれません。結果だけでなく、道徳心も大切にしましょう。
・認め合う関係を築くのが得意です。皆が真価を認め合えるよう手を貸しましょう。ほかの人たちの得意なことや才能を「宣伝」してあげるのもいいでしょう。同時に、心からの誉めことばは自信を与えますが、口先だけで誉めても相手を傷つけ、まともに受け止めてもらえないことを心にとどめておきましょう。
・相手が目の前にいてもいなくても、その人について話す内容を変えてはいけません。ことばが常に一貫していて信用できるものであれば、あなたの誠実さは周囲に伝わり、築いた信頼を決定的なものにします。

思いやりを示す

・あなたには人の心のうちを的確にとらえ、それをことばにする力があります——相手がうまく言い表せないことも、あなたなら上手に表現できるのです。そんなあなたに人は自然と引きつけられます。ですから、質問をしましょう。伝えたい喜びや苦しみを特定して、ことばにしてあげましょう。いっしょに的確なことばを探すことで、相手は自分の感情を表現し、整理することができます。これは実行計画の作成プロセスでも役立ちます。

・ことばは文化を理解する鍵です。家族から企業まで、どんなグループに属するにしろ、あなたが使うことばが何を表しているか考えましょう。たとえば、名前は部下に求めるものを表します。「部門ミーティング」「スタッフ・ミーティング」「チーム・ミーティング」「クオリティー・ミーティング」——週例会議をどう名づけていますか。その会議は「会議室」「カンファレンス・ルーム」「休憩室」「研修センター」または「学習センター」のどこで行われていますか。前向きに聞こえる質問をして、相手のことを気にかけていることが伝わるように心がけていますか。

安定をもたらす

・人の成功をことばにして、それを本人に——できれば書面にて——返しましょう。あなたは、賞賛やフィードバック、相手を安心させるぴったりのことばを見つけることが得意です。その才能を活かしましょう。誰しも自分の達成したことに積極的な支持が得られると、安心して仕事ができるものです。

・時間をどう表現していますか。いまやっていることは長くやっていくつもりですか。すぐに結果を出そうとしていますか、それとも長期的な評判を確立しているところですか。大局を見ることが肝心だと伝えましょう。そうすれば、将来に向けて事態を改善するために——多少の失敗はしても——少し冒険ができるようになります。ことばを選ぶ際には、長い目で見れば安定とは自信を持つことなのだと考えましょう。

・代弁者になるだけでなく、グループのサクセス・ストーリーを集めましょう。集めた功績をもとにグループのブランドをつくるのです。この強固な基盤がグループの自信を強めることになります。

希望を生み出す

・企業では、コミュニケーションの「まとめ役」を買って出ましょう。会議後、要約メールを送るのです。重要なポイントを把握し、とるべき処置の概要を記し、達成事項をまとめます。いい仕事をした人たちへの賞賛も付記します。建設的な活動とその結果、今後の達成を促し、励まします。

・あなたのことばは、個人やグループに対する印象や期待に影響を及ぼします。彼らのイメージを高めていますか、逆に傷つけていませんか。ほかの人に話すとき、あるいは、ほかの人のことを話すときには、励まし、鼓舞し、肯定的な印象を与えることばを意識して選びましょう。

・将来像を描くときには、どのようなことばや言いまわしを使っていますか。あなたのことばには人を導く力があります。どんな方向に導きたいかを考え、上手にことばを選びましょう。選んだそのことばが思った以上に長いあいだ、相手を励まし続けることになるかもしれません。

〈コミュニケーション〉を強みとする人を率いる

・この人には、企業内の伝説や面白い逸話をできるだけ多く仕入れるように言い、それを同僚に話す機会を多く与えます。社風を浸透させ、また、徹底させる役割を果たしてくれるでしょう。

・この人には企業内のスペシャリストたちが、求心力のあるプレゼンテーションを行えるよう、補佐役を務めさせます。ときには、スペシャリストに代わってプレゼンテーションを行わせてもいいでしょう。

・スピーチを学ばせたければ、一流の指導者が担当する少数精鋭のクラスに送り込むことです。矯正目的の初心者クラスでは、この人はまず間違いなく不満を募らせるはずです。

〈最上志向〉で人を率いる

Maximizer

〈最上志向〉の資質にすぐれた人は、個人や集団の優秀さを伸ばす手段として強みに注目します。この人はすぐれたものを最高のものに変えようとします。

信頼を築く

・自分には得手不得手があることをまず認めましょう。同じように、ほかの人たちにもそれぞれ苦手な分野があることを各自が認められるように促しましょう。あなたが自分をさらけ出すだけで、周囲もありのままの自分になることができます。

・皆が得意分野で才能を発揮してくれることを期待していること、「苦手な分野」には触れないようにしていること、このふたつをまわりにわかってもらうには、何度かメッセージを送る必要があります。メッセージが伝わり、理解され、信じられるまで、繰り返し伝えましょう。あなたには、後から部下の弱点や失敗を持ち出して驚かせるつもりなどさらさらありません。が、あなたがそういう人であることを知らないと落ち着かない人たちもいるからです。あなたは、常に人の長所を重視しています。そのことが皆にも確信できるよう、人のすぐれているところに注目し続けましょう。

思いやりを示す

・〈最上志向〉の才能を活かして、皆を固定観念から解放してあげましょう。何でもできる器用な人、オールAの生徒、あるいは万能な民にならなければ、と考えている人が多すぎます。あなたが独自の才能、個人のすばらしい才能を高く評価していることをはっきりさせておくことが肝要です。あなたは何もかもこなすことを部下たちに期待したりはしません。すでに持っているものをさらに伸ばしてほしい、と望んでいるのです。個人の天賦の才能や素質をこのように考えている人は、もしかしたら彼らの人生であなただけかもしれません。

・自分の得意分野がわかっていない人もいます。あなたには、そんな人たちをより光の当たるところに連れていくことができます。そんな人たちの仕事ぶりで気づいたすばらしい瞬間を指摘するといいでしょう。あなたにはその人の真にすぐれている分野が見えていることを、本人に伝えるのです。私たちは、「才能」の概念を、スポーツや音楽のような傍から見て明らかな分野に限定してしまうことがあります。皆の才能の見方を広げてあげましょう。才能のある友人や、才能のあるまとめ役、才能のある調停者がいたら、本人にそれを告げましょう。自分自身に対する見方を広げてあげるのです。あなたは人の人生を変え、個人的なサポーターになれる人です。

安定をもたらす

・適切な能力がない仕事を繰り返しさせると、てきめんにその人の安心感は雲散霧消します。最も得意なことをさせ、それを今後の足がかりにできるようにし、その人が自信を深めていくさまを見守りましょう。

・不得意な分野で仕事をせざるをえなくなった人をサポートしましょう。その人の弱みを補完できるパートナーや仕組みを見つけるのを手伝い、失敗から解放し、自信を与えてあげるのです。

希望を生み出す

・悪いところを見つけて直すべきだという世間の常識に縛られ、あなたの〈最上志向〉の才能を抑えつけてはいけません。人や企業のよいところを特定し、それに投資しましょう。すぐれた部分を強化して伸ばしていくことに、あなたの持てるものの大部分を使うようにすることです。

・強みだけを追求することなど考えたこともなかった人たちに、〈最上志向〉のコンセプトを説明しましょう。そうしたコンセプトを頼りに生きることのメリットを指摘するのです。恵まれた才能を活かし、その恩恵を受けるほうが生産的であり、より高い目標を設定することができることを教えるのです。また、そうすることでエネルギーと資源を最も効果的かつ効率的に使うことができ、仕事自体がより愉しいものになります。

・皆の傑出したところを逐一観察することはできません。各自で自分の才能を守り、伸ばしていくことを勧めましょう。自分の成功について研究させるのです。うまくいったときには、何が最もよくできたのか、それをもっとできるようにするにはどうしたらいいのかを考えさせましょう。同時に、夢を描くよう促します。夢を語りに来てもいいこと――それがあなたにとって大きな喜びであること――を伝えます。才能の管理は各自に任せ、あなたはそれをサポートする側にまわるのです。

・リーダーであるあなたには、組織が持つ資源――人材は企業における最高の資源です――を最大限に活用する責任があります。あなたには人の才能を見きわめることができます。持てる権限を駆使して、強みを育てて活用できる部署に配属することによって、部下たちが自分の才能を見つけ、その才能を最大限に活用できる手助けをしましょう。どんなニーズにも、それに見合った才能の持ち主はいるものです。よい人材の発掘と選定を慎重に行えば、才能を発揮する機会に満ちあふれた組織になるはずです。

〈最上志向〉を強みとする人を率いる

・この人の強みについてはとことこまかに、その強みを企業の利益につなげるにはどの部署でどういった業務にあたればいいか、本人とよく話し合うことです。この人はそうした話し合いを好み、自らの強みを最大限に活かそうと、実用的な提案を次々と出してくることでしょう。

・できるかぎりキャリアパスを用意し、それぞれの段階に応じた報酬が得られるよう気を配ります。そうすれば、この人は成長し続け、与えられた職務ですぐれた成果を収めるでしょう。この人は自らの強みが活かされる道を無条件に選びます。収入は増えても強みが活かされないような道を選ぶことはまずありません。

・企業内における最もすぐれた業績を調査するときには、この人をプロジェクトチームの中心に据えるといいでしょう。また、従業員ひとりひとりの業績を評価し、それぞれに応じた賞与を与えるための査定プログラムが必要になったら、この人に任せます。各職務において優秀さとはどのように見えるものか進んで教えてくれるでしょう。

〈自我〉で人を率いる

Significance

〈自我〉の資質にすぐれた人には、他人の目にとても重要な人間として映りたいという願望があります。独立心が強く、認められることを望んでいるのです。

信頼を築く

・大きな目標を達成したい、という願望をまわりの人たちと共有しましょう。自分はどんなことだとやる気が起きるのかを率直に話し、まわりの人たちにも同じことを訊いてみるといいでしょう。信頼関係とはそのような行動から生まれるものです。

・あなたが世界に及ぼす影響は、もっぱらあなたをリーダーと信じる人たちの数によって決まります。人前でも、人前でなくても、常に自分に正直でいましょう。そうすれば、あなたが信頼のおける人物であることが周囲に伝わります。

思いやりを示す

・あなたにはほかの人たちよりも目標を高く設定する傾向がありますが、その目標にいたるまでの長く険しい道のりでは、達成したことを節目ごとに評価して、まわりを誉め、互いの努力に報いるように心がけます。目標の意義とひとりひとりの貢献の重要性を、繰り返し話すのも効果的です。皆がこの冒険の貴重なパートナーであることを伝え、褒美を与えて、そのことばを裏づけるのです。このパートナーシップがうまくいけば、この先もその人たちとずっといっしょにやっていくことができるでしょう。

・あなたは、自分を支持してくれる大切な人たちに賞賛、評価、肯定してもらうと、さらに高い目標へと駆り立てられます。誰の評価が一番大切ですか。親、兄弟姉妹、先生、それとも上司でしょうか。あなたにとって重要なほかの人ですか。その人たちの意見があなたにどれほど大きな影響を与えているかを、本人たちに伝えましたか。あなたが彼らの意見をどんなに気にかけているかを知らせ、重大な瞬間を分かち合いましょう。彼らに認めてもらうことの大切さ、彼らがあなたのやる気と人生にどれほど貢献してくれているかをわかってもらうことが肝要です。

安定をもたらす

・重要なのは、のちのちまで続く影響です。あなたは、そのときだけでなく、その後も変化を与え続けるものを確立したいと思っています。その願望をほかの人たちと共有しましょう。あなたのビジョンがその場かぎりのものではなく、長期的に続くものだとわかってもらうのです。あなたがどれほど真剣に考えているかを知れば、まわりの人たちは安心するでしょう。

・きわめて重要なチームや重大なプログラムの指揮――そのような役割を与えられると、あなたは最大限の能力を発揮します。「賭け金」が最も高いときに、あなたのやる気も最大になるのです。決定的な局面になったら、ボールを自分にまわしてほしいことをまわりに伝えることです。大きなリスクと責任を引き受けるあなたの自信に、周囲は安心を覚えることでしょう。

希望を生み出す

・あなたは、自分が実現することの重みと、それが現在と未来に与える意味について考えます。自分たちの遺産《レガシー》について考えるよう、ほかの人たちを促しましょう。彼らの考え方や夢、やりたいことについて尋ねるのです。どんなことで名を知られたいのか、何を残したいのかを質問して将来へのビジョンを与え、彼らが自分たちの毎日の選択を評価できるように手助けしましょう。
・〈自我〉の才能を持つあなたは、行く先々で脚光を浴びます。その機会を活かして、ほかの人たちがいい意味で注目されるようにします。彼らをサポートし、成功するように仕向ける能力で、あなたの〈自我〉を測ることができます。

〈自我〉を強みとする人を率いる

・この人は、誰もが納得するかたちで注目される立場に置くといいでしょう。そうすることで、この人が自分からそういう立場に立とうとして、まわりと不協和音を奏でることが防げます。
・この人には、信頼でき、生産力があり、専門職に就いている人たちとかかわる仕事が向いています。最も優秀な人たちとともに働ける環境。それがこの人の望みです。

・グループ内で誰かほかの人が見事な業績をあげたときには、その功績を積極的に賞賛するよう促すといいでしょう。この人はほかの人をいい気分にさせることを愉しむ気質も備えています。

・達成欲に燃えているときには（この人が燃えないはずがありません）、目標達成のために発展させなければならない強みは何か、明確に伝えるといいでしょう。その際、目標を下げるようには絶対に言わないことです。強みを発展させる段階に準じて、何らかの基準を持たせるようにするといいでしょう。

・この人には人から認められることが何にも勝る褒美となります。ですから、相応に認められないと、自尊心がひどく傷つけられたと思います。そんなときには、改めて意識を自らの強みに向けさせ、その強みを活かせる新たな目標を定めるよう助言します。目標のあることそれ自体がこの人にはエネルギーの源泉となるのです。

〈自己確信〉で人を率いる

Self-assurance

〈自己確信〉の資質にすぐれている人には、人生をうまく進めていく自信があります。この人は、自分の決定は正しいという確信を与えてくれる、うちなるコンパスを持っているのです。

信頼を築く

・あなたの過去の過ち、間違った選択、不適切な決断を率直に認めて、まわりを驚かせましょう。あなたほど自信に満ちあふれた人が失敗を進んで明かすなど、皆には思いもよらないことでしょう。しかし、実際のところ、あなたは失敗を乗り越えることから、どんな困難も乗り越えることができるという自信を得ているのです。弱さを見せて、あなたの強さはまさにその弱さから生じていることを示すのです。そうすれば、あなたも皆と同じなのだと信じてもらえるようになるでしょう。

・何かを決断するときには恐れを感じることがある、と正直に告白しましょう。どんなに困難な決断でも、「私でなければ誰がやる？」と思うからこそできるのです。入手できる情報をすべて集めたら、あとは行動するのみです。あなたが最終的な決断をどう下すのかを皆がよく理解すれば、本当に信頼できる人だとわかってもらうことができるはずです。

思いやりを示す

・あなたの〈自己確信〉に引きつけられる人たちもいます。あなたの自信が自分たちの自信を強めてくれるからです。そういう人たちは、正しい決断を下したり、確固たる関係を築いたり、あるいは成功を生み出す自分の能力に不安があるのかもしれません。あなたは、そんな彼らに「もちろん、君にもできる！」と言ってあげることができます。また、あなたは彼らの失敗よりも成功をたくさん覚えていて、それればかりか、いつでもその細部にいたるまで思い起こすことができる人です。自分を元気づけ、支えてくれるあなたのような友人となら、彼らも思い切って前に踏み出し、チャレンジすることができるでしょう。

・あなたは自立していて、自分のことは自分でできます。それは間違いありません。それでも、人生には愛情のやりとりが必要です。結局のところ、あなたも人間なのですから。人間関係を築くときには、互いの人生に何を与えることができるかを考えてみましょう。あなたが誰も必要としないなら、あなたの大切な人たちはどうやって自分の価値を実感することができるでしょう？あなたの人生はほかの人たちによってどのように、より幸せに、より満たされたものになっているのか。それを考え、彼らに伝えましょう。彼らが必要であること、なぜ必要なのかを話すのです。

安定をもたらす

・自信――言うまでもなく、あなたはそれを持っています。過去の成功談を話して、その自信が経験に裏打ちされたものであることを周囲に実感させましょう。そうすれば、あなたが途方もなく大きな目標を掲げて「きっとできる」と言っても、皆を尻込みさせずにすみます。

・「やらねばならないなら、やり遂げられる」。そうする以外に選択肢がないときには、すべきことをする強さと手段が皆にあることを、この格言で理解させましょう。何もせずに指をくわえて見ていることなど論外です。入手できる事実をもとに最善の決断を下し、行動するのです。

・新しい仕事や事業を検討するときには、必要な才能、スキル、そして知識についてよく考えましょう。強固なチームを編成し、あなた以外の人が適任の場合は、その人が舵取りできるようにします。専門家に仕事を任せ、皆が間違いなく有能な人の手に委ねられるようにする――周囲はそんなあなたの心の広さを高く評価し、また、そのようなあなたの行動に安心を覚え、あなたがいることを心強く思うはずです。

希望を生み出す

・野心的な目標を設定しましょう。まわりの人たちから見ると現実性がなく、実現不可能なことでも、あなたにとっては冒険的で胸躍ることであり――これが一番重要なことですが――大胆さと少しばかりの運があれば達成できることなのです。そのような目標に挑戦することをためらってはいけません。たとえ家族や同僚、企業にしてみれば、あなたに提案されなければ想像もしなかったことでも、あなたの〈自己確信〉の才能をもってすれば、達成することができるでしょう。

・目標を十分高く設定しているかどうか周囲に尋ねましょう。皆の夢はあなたほど大きくないかもしれません。そんな彼らにいま以上に大きな夢を抱かせることに成功すれば、より大きな人生へと乗り出させることができます。

〈自己確信〉を強みとする人を率いる

・この人にとって、成功への鍵は不屈の精神です。自らが決めた道に確信を持っているため、方向を変えるよう圧力がかかっても、この人は決して意志を曲げません。ですから、この資質を活かせる役割を与えなければなりません。

・終始一貫した態度がこの人の強みです。重大な局面で、内面からにじみ出る威厳は、同僚や顧客に安心感を与えるでしょう。

・自分は行動派だというこの人の自己像を支持し、「君に任せる。うまくやってくれ」「直感でどう思うか言ってくれ。私は君の直感を信じている」といったことばをかけて励ましましょう。

・この人には真の強みが活かせない恐れのある分野でも、何かできると思い込む節があります。

・〈未来志向〉〈目標志向〉〈自我〉〈アレンジ〉。このうちいずれかの資質も兼ね備えているようなら、いずれ指導者的立場に立つ潜在能力を秘めていると判断していいでしょう。

〈社交性〉で人を率いる

Woo

〈社交性〉の資質にすぐれた人は、知らない人と出会い、自分を好きにさせることに挑戦するのが大好きです。この人は、一歩踏み出して人と心を通わせることに大きな満足を覚えるのです。

信頼を築く

・あなたは生まれつきまわりの人たちを魅了する人です。信頼が必要になったときに備えて、常に誠実な方法で人を引きつけましょう。誠実でないと、知り合いはできてもあなたの支持者はできません。

・初対面の人も、あなたとなら多くの情報を分かち合ってくれるかもしれません。自分が提供した情報が貴重なもので、必要とあらばあなたがそれを守ってくれると相手に感じてもらうことが重要です。そのためには、手に入れた情報をどのように収集し、保管したらよいでしょうか。答えは、おもだった人たちと連絡をとり続け、会話の重要な詳細事項を記録するシステムに投資することです。このような詳細事項が取り扱いに慎重を要するときには、人目にさらされないように気をつけます。皆は、そんなあなたを信頼し、これからも連絡をとり続けてくれるでしょう。

思いやりを示す

・行く先々であなたには友人やファンができます。こうしたつきあいを、長続きするパートナーシップへと発展させることが重要です。相手に特別なつながり――出会った人たちとあなたがすぐに築く関係よりも強いつながり――を感じさせる方法を考えましょう。重要な関係をさらに発展させるにはどうしたらいいか。必要なだけ時間をかけてじっくり考えましょう。

・リーダーたちは、さまざまな人たちと連絡をとり、接することによって信頼、サポート、コミュニケーションのネットワークを築き続けます。そうやって支持基盤を確立することによって、時間、距離、文化を超えた影響をまわりに及ぼすのです。あなた自身のソーシャル・ネットワークの地図をつくってみてはどうでしょうか。深い結びつきを維持しながら、どこまでネットワークを広げることができるかを見きわめるのです。

安定をもたらす

・あなたのネットワークの広さと深さをまわりの人たちと共有しましょう。あなたがいたるところに顔が利くとわかれば、皆はあなたがいつも最新情報を知っていることを確信するようになります。また、いざとなればあなたには頼れるサポートがあるのだ、と自信が持てるようにもなるでしょう。

・外に出て顧客や競合他社の人たちに話しかけたり、コミュニティーにかかわったりしましょう。有能なリーダーたちは、自分たちの影響が社内に限定されるとは考えていません。もっと広い提携的なネットワークのなかで自分たちの影響力を駆使するのです。広範な支持基盤は、企業が存続し、拡大していく見込みを確かなものにしてくれます。

希望を生み出す

・あなたは〈社交性〉の才能を使って企業を活性化することができます。あなたの存在感と意見交換を促す力を認識しましょう。部下たちと会話をはじめたり、才能ある人たちを呼び集めるだけで、個人と企業のパフォーマンスを劇的に向上させることができます。
・あなたは、人と会ったり挨拶をしたりするだけで、ほかの人たちにとって貴重な情報――あなたが手助けし、導こうとしている人たちの顧客、上司、さらに同僚からの情報――を得ることができます。噂話ではなく、よい知らせを広めるように心がけましょう。彼らがどんなことをうまくやっているか、そしてどのように見られているのかを本人に教えてあげるのも悪くありません。あなたの広範な影響から得られるメリットを共有すれば、彼らがまわりの期待に応えることができたときに、認められたと感じることができるでしょう。

〈社交性〉を強みとする人を率いる

・この人は、外部の人が初めてあなたの会社と接触する窓口に据えるといいでしょう。
・出会った人の名前が覚えやすい方法をこの人自身に考えさせ、必要に応じて助言し、できるかぎり多くの人の名前と、その人たちの個人情報を覚えるという目標を与えます。あなたの会社と市場とのつながりの発展に大きな役割を果たすでしょう。

・この人が〈共感性〉と〈親密性〉の資質を備えていないかぎり、顧客との密接な関係を築く職務まで負わせてはいけません。新しい人と出会い、対応し、そして顧客を引きつける。そこまでがこの人の役割です。

・この人の〈社交性〉はあなたを引きつけ、あなたはこの人に少なからず好意を持つかもしれません。が、この人に新たな役割を与えたり、新たな責任を担わせたりするときには、感情に左右されてはいけません。この人の真の強みを冷静な目で見きわめる必要があります。

・あなたの会社が地域と親睦を図る際、この人に手助けを頼むのも悪くないでしょう。会社の顔として地域のクラブや会合に参加させるのも一案です。

〈収集心〉で人を率いる

Input

〈収集心〉の資質にすぐれている人は、知りたがり屋です。この人は、あらゆる種類の情報を集め、保管することを好みます。

信頼を築く

・常に最新かつ正確な情報を提供して、誰より信頼される相手になることです。複数の情報源を確認して情報の精度を上げ、皆が真実と意見を区別できるように手助けします。

・あなたは、下調べを入念に行って、仕事を成功に導く情報を提供するため、まわりから尊重されます。皆は、時間をかけ、責任を持って徹底的に調べるあなたの熱意に感謝し、あなたの出す結論を信用するのです。

思いやりを示す

・さまざまな情報源を持ち、最新の状況や情報を知悉しているあなたは、リーダーとしての魅力を備えています。質問に答えたり、喫緊の課題を調べることが大好きだとまわりに知らせておくといいでしょう。〈収集心〉の才能を活用してほかの人たちと心を通じ合わせ、いつでも頼れる存在として応じられるように備えておきましょう。

・興味を共有できる人に会ったら、そのときだけのつきあいに終わらせず、関係をさらに発展させられるかどうか考えてみるのも悪くありません。その出会いが友情のはじまりかもしれません。展示会やスピーチなど、互いの関心を追求する機会を見つけたら、声をかけてみるといいでしょう。〈収集心〉の才能を人間関係の足がかりにして、最初の誘いを次につなげるのです。

安定をもたらす

・あなたの基礎知識は安定の基盤となりえます。どんな課題にしろ、あなたらしく深く綿密に調べてあることがわかれば、その決断が考え抜かれた末のものだと周囲は確信します。あなたがいかに努力しているかを伝えることです。

・あなたはただ情報を集めるのではなく、役に立つかもしれないときに備えて、その情報を保管する人です。リスキーと思う人もいる試みについては、バックアップと文書を提示することで、その試みが信頼できることを保証します。

希望を生み出す

・あなたは、スポンジのように自然に情報を取り込みます。しかし、吸収したものを永久に保つのがスポンジの仕事ではないのと同様に、情報もただ保管しておくべきではありません。アウトプットせずにインプットばかりしていると、機能が停滞する恐れがあります。情報を収集し、吸収するときには、その情報から利益を得ることができる個人やグループを意識して、情報を意図的に共有しましょう。

・ほかの人たちの考えやアイデアを書いたものに目を通し、真剣に議論しましょう。このプロセスを通せば、教えながら学ぶことができるはずです。

〈収集心〉を強みとする人を率いる

・この人には天性の〈収集心〉を活かし、企業にとって重要な問題を調査させます。あるいは、大規模な調査を行う部署に配属します。この人は調査を通じて知識が増えることに喜びを覚えるタイプだからです。

・〈収集心〉以外のきわだった資質にも目を向けます。〈成長促進〉にもすぐれているようなら、指導者や教育係としても手腕を発揮し、実話や寓話を織り交ぜた求心力のある指導をしてくれること請け合いです。

・集めた情報を蓄積するシステムづくりを促します。システムが完備していれば、この人自身がときに応じて必要な情報を確実に取り出すことができるからです。

〈指令性〉で人を率いる

Command

〈指令性〉にすぐれている人には強い存在感があります。この人には主導権を握り、決定を下すことができます。

信頼を築く

・思っていることをはっきりと口に出すあなたは、言外に意味をにおわせたりしないということで信用されます。周囲の人たちはあなたの言うことを額面どおりに受け取り、絶対に後から意見を変えたりしないと確信しています。つまり、あなたはそうした自分の率直さを基に人間関係を築くことができる人なのです。

・あなたの示す価値観と行動を振り返ってみましょう。このふたつは一致していますか。一貫していますか。最も重要なあなたの価値観を書き出してみましょう。最近とった行動で、信念が一貫している証となるものが思い浮かびますか。この「有言実行」リストを通常の自己評価に取り入れて、あなたのことばを信頼し、あなたの行動を尊重すべきだと皆に確信させましょう。

思いやりを示す

・あなたは物事を強く感じ、はっきりと表現することができます。自然体で行動しましょう。あなたの気持ちや、皆を重要だと思う理由を話しましょう。ほかの人が控えめすぎてはっきりと言わないつながりをことばで表現するのもいいでしょう。率先して口に出すことで初めて、全員が同じ思いでいることがわかるかもしれません。そこまではいたらなくとも、有意義な関係をつくる機会ができます。心からの思いやり、愛情、または好意は、リーダーとフォロワーの絆をつくり、深めていく強力な手段のひとつです。

・あなたは強いことばを使います。そのことばで自分の考えを表現して、あなたが信じるものを尊重してくれる人との絆をつくりましょう。意義深い関係は、しばしば共通の価値観のうえに築かれます。ですから、信念や情熱を表に出せば、友達や味方になりそうな人だと「認識される」かもしれません。あなたの強い感情と熱い信念を伝えて、仲間になるよう誘いましょう――皆はそのひと押しを必要としているかもしれません。

・高い〈指令性〉を備えた人に特有の断固とした外見は、あらゆる打撃から身を守る頑丈な鎧だと思われがちです。周囲は自分が無防備で、あなたは無敵だと思うかもしれません。しかし、人間関係は互いの弱さによって変わってくるものです。自分をさらけ出し、痛みと苦しみを共有しましょう。弱点を見せることで、対等な関係となり、信頼を表すことができます。

安定をもたらす

・あなたの考えは周知のものです。その信念がゆるぎないものだとわかっている安心感から、まわりはあなたが常に頼りになり、信念に忠実な人だと確信することができます。

・自分たちのために強くいてくれる誰か――ぐらつく心を奮い立たせてくれたり、あいだに立って代弁してくれる誰か――が必要なとき、人はあなたのところへやってきます。心がふらついた結果、あなたの勇気を「借り」ようとするのです。この欲求に気づき、代理としてあいだに立ってほしいのか、共に困難な問題を解決してほしいのか尋ねましょう。あなたの「主導権を握る」姿勢は、窮地に陥った人を落ち着かせ、安心させます。とりわけ困難な仕事に取り組むときには、〈指令性〉の強みを活かして恐れを和らげ、あなたが状況をうまくコントロールしていると皆に確信させましょう。

希望を生み出す

・正直ではっきりとものを言うため、人は真実を知りたいときにあなたに訊きに来ます。実際のサポートはほかの人に頼むかもしれませんが、自分たちができることとできないこと、あるいはすべきこととすべきではないことを率直に評価してもらいたいときにあなたを頼るのです。臆することなくアドバイスしましょう。現在のプランにどのくらい傾倒しているか尋ねましょう。正直な意見を求めているようなら、やさしく、しかしはっきりと意見を言うことです。

・あなたの力強いことばは人を奮い立たせます。ひとつひとつの使命の「理由」について話しましょう。陳腐に見えたり、感傷的に聞こえたりすることを恐れてはいけません。あなたの感情のこもったことばのおかげで、皆は難局を乗り切ったり、努力したりすることができるのです。目標に対する自分たちの気持ちをことばにして言ってほしいと思っているかもしれません。あなたのことばで皆を励ましましょう。

〈指令性〉を強みとする人を率いる

・決定を下す権限をできるかぎり与えます。この人は細かい指図を何より嫌います。
・この人と真っ向から向かい合うときには、断固とした態度をとります。必要なら、即刻改善するよう求めます。そして、できるだけ早くこの人の生産性が回復するよう手はずを整えます。そうすれば、この人は自らの非を必ず認めるでしょう。もちろん、あなたに非がある場合には率直に認めることです。
・あからさまな独断的態度で、まわりの人たちを威圧することがこの人にはあるかもしれません。そのような際には、この人の機動力のプラス面がそうした不都合を補ってあまりあるものかどうか、慎重に判断します。他人の気持ちをくんだり、丁重な対応をしたりするようにこの人を指導するより、むしろ独断性がこの人の推進力の源泉であることを同僚に理解させるほうが、場合によっては効果的です。ただし、その独断性がより攻撃的で、険悪な空気を生むようなものなら、適切な処置をとらなければなりません。

〈慎重さ〉で人を率いる
Deliberative

〈慎重さ〉の資質にすぐれた人は、決断や選択をする際、細心の注意を払うことが特徴です。この人は、常に障害に備えており、決して油断しません。

信頼を築く

・繊細な話題に慎重に思慮深く接するあなたは、周囲から信頼されます。この才能を活かして、デリケートな問題や争いを処理しましょう。

・あなたが物事を正しく行うこと、また、正しいことを行うことに捧げる時間を、周囲は尊重します。決定を下すために時間が必要なときは、それを知らせましょう。自分たちのことを一番に考えてくれていると感謝されるはずです。

思いやりを示す

・あなたは、ひとつひとつの人間関係の重要性と価値を理解していて、この責任を真剣に受けとめています。人生に誰かを受け入れると決めたら、その関係を丁寧に維持していきましょう。親密さを保つ活動や会話を精力的に行い、一番大切な人たちには心のうちを見せましょう。言うまでもなく、一生続く関係は貴重です。そんな相手はあなたの思いやりや愛情を受けるにふさわしく、また、それらを必要としているのです。

・あなたは、めったなことでは人を誉めません。それだけに、あなたの賞賛は貴重です。誰かを誉めるときには、それがあなたに確実に認められた証であることがしっかりと伝わるようにしましょう。そうすれば、相手の記憶に長く残ります。

安定をもたらす

・無茶な危険を冒さず、慎重に考えてから決断を下しましょう。「話がうますぎる」と思ったら、自分の直感を信じます。熟考するあなたの姿に、周囲は守られていると感じ、出された結論に不安を感じません。

・ひとつひとつの決断を時間をかけてじっくりと考える姿勢は、周囲に感謝されます。分析したオプションや特定の手段を選んだ理由についてきちんと説明しましょう。その決断には、皆の利害が関係していることを忘れないように。彼らにも情報を求めて、自分の情報と同じくらい注意深く検討しましょう。

希望を生み出す

・決定を下す前に「じっくり考える」期間をとるようにと言って、皆が無計画に行動を起こさないようにしましょう。あなたの慎重さは、人を愚行から遠ざけて、賢明な選択をさせるのに役立ちます。
・よく知っている話題があれば、リサーチと分析で得た結果を提供しましょう。それが皆にとって正しいことだと思ったら、何かをしてみるように勧め、その裏づけとなる証拠を見せましょう。

〈慎重さ〉を強みとする人を率いる

・即断が要求されるポジションにこの人を就かせてはいけません。自分だけの裁量で決定を下すことを好まないからです。
・注意が必要な状況、たとえば法的に微妙な問題や安全性を問われる問題、正確を期する問題が持ち上がったときには、この人に主導権を与えます。潜んでいるかもしれない危険を直感的に察知し、防御の仕方を教えてくれるはずです。
・この人は、契約の交渉の場で才能を発揮します。特に、第一線には立たず、後方から支援する立場に置かれると、並外れた手腕を発揮します。職域を脱しない範囲で頼むといいでしょう。
・この人には、接客や企業外部の実力者とのパイプ役、企業に有益な人脈づくりといった仕事には向きません。その種の職務では、感情を表に出す必要があるため、対応しきれないのです。
・この人は「人を見る目」が非常にすぐれており、人間関係を築くうえでその才能を発揮します。ですから、所属を次々と変えるのはあまり望ましくありません。仕事を共にする同僚が有能で信頼に値する人物かどうか、この人は何よりもまずそのことを確認しようとします。そうした作業にはどうしても時間がかかります。

・この人は、人を必要以上に誉めることはしません。ですから、もしこの人が賞賛のことばを口にしたら、額面どおりに受け取ってまず間違いはありません。

〈信念〉で人を率いる
Belief

〈信念〉の資質にすぐれている人は、普遍的な価値を持っています。この価値は、この人の人生に明確な意義をもたらします。

信頼を築く

・道徳的な態度は、尊敬と信頼の必要条件です。誠実さは当然のように見込まれる資質です。チームの公平を期し、団結を強化するために、許される言動と許されない言動をはっきりと伝えましょう。それを最初にはっきりとさせておけば、人間関係の悪化や誤解を防ぐことができます。

・〈信念〉という資質は、道徳や精神というよりも仕事の姿勢にかかわる資質です。サーバント・リーダー（奉仕型リーダー）であることの意味を皆に示しましょう。チームのメンバーたちに、自分たち以外の何か――純粋にほかの人やグループを助けたいという気持ちから行う何か――にかかわらせるといいでしょう。そして、〈信念〉という資質を行動で示すのです。行動はことばよりもはるかに雄弁です。常に言動が一致していれば、心から信頼されるようになります。

思いやりを示す

・あなたにとって、価値観は非常に意義深いものです。人生で最も意義深いことについて、話し合ってみるといいでしょう。コア・バリュー（中核となる価値観）のような大事なことを聞いてあげるだけで、関係を築くことができます。以前から知っている人にしろ、出会ったばかりの人にしろ、その人にとって何が最も重要なことかを知る努力をしましょう。人の生い立ちやライフステージはさまざまであることを認識し、それを快く受け入れましょう。人間関係は常に育てることができます。人の言うことに耳を傾ければ、心と心が通じます。

・瞬間的に生まれる絆もあります。共通の価値観があれば、きわめて早く――そして、ときには一生――親密になれるでしょう。この絆が、人生に大きな喜びをもたらします。共に信念を探究し、質問をし、人生で最も大切なことを話し合ってみましょう。驚くほど早く、きわめて深い人間関係を育むことができるはずです。

・価値観に基づいて「仲間内」や「仲間外れ」をつくらないように注意しましょう。「中立的」には決してなれないし、なるべきでもありませんが、あなたが何かの判断を下すときには、それがどのようなメッセージを発しているのかを慎重に考えるべきです。

安定をもたらす

・あなたの信念のいくつかは絶対的なものです。変わり続ける社会のなかでも決してゆらぐことがありません。この確固たる基盤は、人間関係、活動、そして職場環境づくりの土台になりえます。あなたと同じように信じているにしろ、いないにしろ、周囲はあなたの考え方を知り、そうした信念が不動のものであると自信を持つことができます。

・情熱はあなたの武器です。フォロワーの目に、「何かと戦っているリーダー」ではなく「何かのために戦っているリーダー」として映るよう努めましょう。よりポジティブな観点で見られることで、あなたの大義に参加および没頭させ、さらに多くのサポートを得ることができます。皆は、あなたを正しいことのために戦ってくれる人だと信用するでしょう。そして、あなたの信念の強さに彼ら自身が自信を持つのです。

希望を生み出す

・あなたの仕事の意義と目的は、しばしば方向性を与えます。ですから、それについて話し合ってみましょう。あなたの人生における仕事の重要性を共有するのです。また、なぜ皆の仕事が重要なのか、それが彼らの人生とほかの人たちの人生をどう変えるのか、指摘してあげましょう。彼らが仕事を通して才能と価値を活かすことができる方法をもっと学び、それらのつながりを見つけられるようサポートしましょう。

・あなたほどには自分の価値観に自信を持っていない人もいます。自分の価値観を探している人がいたら、時間とお金を何に使っているかを尋ねてみましょう。時間、才能、そしてお金の使い道は、その人が本当に大切にしているものを雄弁に語ってくれます。

〈信念〉を強みとする人を率いる

・この人の価値観はゆるぎなく、変わることがありません。ですから、その価値観と企業の価値観が一致する方法を考えるといいでしょう。たとえば、どうすれば自社の製品やサービスで消費者の暮らしをよりよいものにできるか、どうやって企業が誠実さや信頼性を示していけばいいか、などについて話し合うといいでしょう。また、同僚に協力したり、顧客にだけ対応したりといった程度ではなく、もっと責任のあるポジションを与えるのもいいでしょう。この人は、日々の自然な言動から、あなたの企業の社風の価値を外部の目にも見えやすくすることができる人です。

・この人は、より多い収入を得る機会より、より質の高いサービスを提供する機会のほうに重きを置いています。ですから、サービスを重要視するのは当然というこの人の意識をさらに鼓舞する方法を見つけることです。そういう意識が高まれば高まるほど、よりすぐれた能力を発揮してくれるでしょう。

〈親密性〉で人を率いる
Relator

〈親密性〉の資質にすぐれた人は、ほかの人たちとの親密な関係を築くことに喜びを見出します。また、この人は、目標を達成するために友人と懸命に努力することに深い満足を覚えるタイプです。

信頼を築く

・大切な人間関係には秘密がつきものです。打ち明けられた秘密は口外せずに、信頼の維持と育成に努めましょう。一度でも他言すれば、せっかく築き上げた関係が無に帰してしまいます。
・親密さはある程度の危険性——あなたは相手に利用されるかもしれない——をはらんでいますが、あなたはそれをわかったうえで喜んで受け入れます。そのことを口に出して認めましょう。そして、関係を深めることで相手への信頼が生まれ、何でも話せる気持ちになれるのだと伝えるのです。

思いやりを示す

・人生で重要な人たちと1対1で過ごす時間を十分にとりましょう。強固な関係を築き、互いに共有できる精神的エネルギーをつくり出すのです。そういう関係は長続きします。相手を気にかけていることを機会あるごとに示しましょう。

・〈親密性〉がきわだっているあなたは、人より多くの愛情と友情を交わします。相手との関係があなたの人生に幸せをもたらしていることを伝えましょう。さらに、その関係が相手の幸福をどのように高めることができるのか尋ねてみます。思いやり、親切心、相手の幸福への関心を示して、彼らの人生が満ち足りたものであるかを気にかけていることを伝えるのです。

安定をもたらす

・長期にわたる親密な友情は、あなたの人生をきわめて充実したものにします。こうした友情は、家族、個人的な仲間、あるいは組織のなかで築かれているかもしれません。この関係を生涯続けていくつもりだと告げましょう。これからも支え、理解し合い、安定を保っていくことを互いの目標にするのです。

・あなたは、フォーマルな仕組みよりも、カジュアルな仕組みのほうが心地よく感じます。しかし、規模も複雑さも増していく企業では、よりフォーマルなシステムが求められます。そのような職場にあっても、人間関係の核となる重要なところは変わらない、と伝えることはできます。企業というフォーマルな海原にカジュアルな小島をつくりましょう。

希望を生み出す

・あなたは受け取るタイプではなく、与えるタイプです。しかし、気前よく与え続けるためには、与えるのと同じくらい受け取らなければなりません。自分を心から満たしてくれる相手や物事を見きわめ、そのための時間をつくりましょう。あなたに希望を見出す人たちと共有するエネルギーが増えるはずです。

・あなたは長続きする人間関係を確立することで、ほかの人たちの人生や成功をよく観察しています。彼らが広い視野に立って物事を見られるように助け、彼らが達成したことや成功のパターンを指摘してあげましょう。彼らの人生が変化をもたらしていることを、さまざまな方法で示すのです。

〈親密性〉を強みとする人を率いる

・この人には同僚ひとりひとりの目標を伝えておきます。そうすれば、この人はさらに強い絆を同僚たちと結ぶことができるようになるでしょう。

・気むずかしくとも人間関係を維持したい相手がいたら、その相手と真の人間関係を築くようこの人に頼むのも悪くありません。そうした人間関係を築くことで、この人は企業における大切な貢献者を引き止める役を担ってくれるでしょう。

・〈親密性〉以外のきわだった資質にも目を向けます。〈目標志向〉〈アレンジ〉〈自己確信〉。これらのうちのひとつにでもすぐれているようなら、マネジャーの資質を生まれつき備えているといえます。この人は従業員たちを見守り、ひとりひとりの成功を願っているという思いを従業員にうまく伝えることができる人です。マネジャーがこういうタイプであれば、従業員は通常よりいっそう意欲的に仕事に取り組むようになります。苦もなくそうした関係を従業員と築くことができるのです。

・この人が持つ包容力もひとつの武器です。その包容力をよく見て、それがどれほど同僚たちに影響を与え、強い絆の一因となっているか、本人にもよく伝えます。あなたのそうした目配りは大いに歓迎され、そのことがお互いの信頼関係をさらに強める一因となることでしょう。

〈成長促進〉で人を率いる
Developer

〈成長促進〉の資質にすぐれた人は、ほかの人たちが持つ潜在的な可能性を見抜いて、伸ばします。この人は、成長の小さな兆候にいち早く気づき、それによって満足を得ます。

信頼を築く

・人の力になるのは、あなたの性格であり、信頼への糸口です。自分の隠れた可能性に気づくよう皆を助け、いっしょにそれを伸ばしてあげましょう。人間関係が深まるうえにあなた自身、人の成長を見る喜びが得られます。

・親切の動機を疑われても、傷つかないように。個人の成長に興味を示した場合、一朝一夕には信じてもらえないこともあります。完全に信頼してもらえるまで、数週間、数カ月、あるいは数年間、あなたの仕事ぶりを観察させましょう。あなたほど簡単には他人を信用しない人もいるのです。

思いやりを示す

・人の成長を見ることがあなたの心からの喜びです。人に注目するという天性の才能は、あなたが育てる人たちへの贈り物です。応援して、信じていることを知らせましょう。あなたのやさしい思いやりに心を動かされて、相手は正面から受け入れてくれます。そして、快くサポートを申し出てくれたことを決して忘れないでしょう。

・「大好きな人から学ぶのが一番身につく」――このことばに、あなたは心から共感を覚えます。あなたを大好きな人は誰ですか。誰のことが大好きですか。教え導くだけではなく、大好きになれるほど親しくなりましょう。あなたの感情を伝えるのです。そうすれば、あなたの影響は永遠に続きます。

安定をもたらす

・人の成長を助けるときには、まず、気づいた進歩を認めましょう。それがその人の自信と安心の基盤となります。「きっとできる。すでに君自身が証明しているのだから」と安心させて、次のステップへの恐怖を和らげます。次の目標は手の届くところにある、と確信していることを伝えましょう。

・ほかの人たちが快適な場所から踏み出せるように力を貸し、何度も挑戦しては失敗できる「安全地帯」を提供します。目的を達成するまでには一度ならずチャレンジする必要があると教えることによって、成功へと導きましょう。適切な目標の設定に協力してあげると、人は安心します。

その安心がもう一度挑戦する自信を生むのです。
・自分の才能を深く掘り下げてその真価を問うよう励ましましょう。失敗しても、あなたがいてくれるおかげでショックを和らげることができます。才能を最大限に活用するためにあえて危険を冒せるようにサポートするのです。

希望を生み出す

・「いままで一番力を尽くしたことは？」「どれくらいできたと思う？」「どんなことを夢見ている？」「何でも自由にできるとしたら、何がしたい？」など想像力を働かせる質問をまわりに発して、意欲をかき立てさせましょう。
・あなたの成長促進アプローチは自発的なものなので、勢い、助言を与える相手も多くなります。あなたにとって最良だったメンターのやり方を思い出して、そこから学びましょう。自分に合った方法で彼らを励まし、よきサポーターになりましょう。
・そのうち、手に負えないほど多くの人に助言したくなるはずです。このうちなる情熱を全うするために、「一期一会のメンター」になるのもいいかもしれません。多くの場合、最も感動的で、忘れられない成長は、ちょうどいいときに、ちょうどいいことば――物事を明確に理解できて、情熱がよみがえり、目の前の可能性に気づき、人生の進路が変わることば――が伝えられたときに起こるものです。ひとときを最大限に活かせる機会を探しましょう。

〈成長促進〉を強みとする人を率いる

・この人には、従業員の成長に貢献できるポジションを与えるといいでしょう。たとえば、ひとりかふたりの教育係を任せたり、あるいは企業が取り組むべき問題、安全性や利益や顧客サービスに関する研修講座を持ってもらうのも悪くありません。必要なら、授業料を払ってでも社外の研修に通わせるといいでしょう。

・この人は、管理職やチームリーダーやマネジャーの候補生となる可能性があります。すでに管理職に就いているようなら、将来責任あるポストに就く可能性のある従業員をこの人の組織に送り込みます。この人はその新たな部下を正しく指導して、強力な戦力に育て上げてくれるはずです。

・この人は、成果があがらず、悪戦苦闘している従業員を異動、あるいは解雇すべきときに見限らず、長期にわたって擁護するかもしれません。しかし、この人自身が〈成長促進〉の才能をまだ磨いている段階にあるようなら、その才能は、苦難を抱えている人を擁護するためにではなく、可能性のある人を成功に導くために使うべきだとわからせる必要があります。苦難を抱えている人に対する最も発展的な対処法は、その人が真の才能を発揮できる分野を見つけてあげることだと理解させるのです。

〈責任感〉で人を率いる

Responsibility

〈責任感〉の資質にすぐれた人は、自分がやると言ったことはどんなことでもやり遂げよう、という強い気持ちを持っています。この人は、誠実さや忠誠のような不変的な価値を大切にします。

信頼を築く

・あなたは皆の道徳的良心です。人や企業が不正なことにかかわると、頭のなかの警報器が鳴り響き、その問題を提起せずにはいられなくなるのです。そんなときには、まず情報源にあたり、質問をして事実と動機を確認しましょう。懸念は正直に言うことです。可能なときや、それが道義にかなっているときには、本人が自分で状況を正せるようにします。必要なら、さらに踏み込んだ措置をとって、あなたの良心を納得させましょう。

・強い道徳心と誠実さを備えた人たちを評価し、認めることはとても重要です。正しいことを、少なくとも間違いを指摘するのと同じくらい――できれば、それよりもっと――頻繁に肯定し、認めることを励行しましょう。まわりはそんなあなたの行動に気づき、尊重の念を抱くようになるでしょう。

思いやりを示す

・あなたはほかの人たち――とりわけ最も大切に思う人たち――に責任を感じずにはいられません。そういう人たちとは頻繁に連絡をとりましょう。彼らはどうしていますか。どうやったら力になれますか。できれば毎日思いやりを示し、彼らの生活を気遣うといいでしょう。

・あなたの犯した過ちで誰かに迷惑をかけてしまったら、できるだけ早くその人のところへ行き、間違いを正す努力をしましょう。謝罪だけでなく、それ以上の誠意を見せて埋め合わせをします。間違いの責任を認めれば、相手もあなたを許しやすくなり、より早く関係を修復することができます。

安定をもたらす

・あなたの責任感は、まわりの人たちを自ずと安心させます。あなたが仕事を適切に、時間どおりにやり遂げてくれる頼りになる存在だということは、皆が知っていることです。ひとりですべての責任を背負い込まずに、それを共有して、チームのメンバーひとりひとりがグループの安定に貢献できるようにしましょう。

・あなたは奉仕することが好きなリーダーです。この奉仕精神は、顧客やメンバー、後援者たちに向けてはことさらよく発揮されます。が、部下たちに対して発揮されるときには見過ごされがちです。あなたが彼らの役に立ち、サポートしてあげたいと思っていること、そして、あなたに助けを求めることはあなたを認めているという証であり歓迎されることなのだということを部下にもはっきりと伝えましょう。

希望を生み出す

・あなたは、かかわっているすべてのプロジェクトに責任を持って臨みます。ほかの人たちにも同じように臨むことを勧めて、責任を共有しましょう。彼らのよきサポーターとなり、責任を持つことのむずかしさを体験させて、積極的に相談に乗ります。そうすることによって、彼らの成長と発展に貢献できるはずです。

・どんなこともやり遂げようという強い気持ちは、選択することによって生まれます。責任を割り当てるよりも、責任を持つ対象を選ばせることによって引き出されるのです。ただ課せられた仕事を受け入れて生じる責任ではない、本当の責任の意味を皆に教えてあげましょう。

〈責任感〉を強みとする人を率いる

・この人がチームで仕事をするときに責任感に欠ける人がチーム内にいるようなら、その人とはできるかぎり接しなくてもいいように配慮したほうがいいでしょう。

・この人は自主性に富んでいるので、逐一指図をしなくても確実に仕事をやり遂げる能力を持っています。

・この人は完璧なまでの道徳感覚が要求される業務に最適の人物であり、あなたを失望させることはないでしょう。

・新たな業務を任せる必要が生じたときには、どのような責任が問われる業務を望んでいるか、しばらく定期的に尋ねるといいでしょう。さらに、自主性を尊重し、選択の機会を与えます。それでこの人はがぜんやる気を起こすこと請け合いです。

・この人はいったん引き受けた仕事は、よほどのことがないかぎりやり遂げます。その能力に魅力を覚え、あなたはこの人を管理職に昇進させようと思うかもしれません。しかし、それは慎重を期したほうがいいでしょう。この人はひとりで仕事をするのが好きなのであって、ほかの人の仕事に対して責任を持つのはあまり好まないかもしれないからです。そうした場合、管理職に据えると、逆にやる気をなくす恐れがあります。ですから、昇進とはまた別に成長できる道を見つけてあげるのもひとつの手です。

〈戦略性〉で人を率いる
Strategic

〈戦略性〉の資質にすぐれた人は、物事を進めるための別の手段を考え出します。この人には、どのような状況でも、ただちに適切なパターンと問題を見分けることができるのです。

信頼を築く

・何かを決めるときには、関係者たちとさまざまな選択肢を率直かつ徹底的に話し合いましょう。あらゆる選択肢を吟味したうえで最善の解決策に向けて努力する、というあなたのやり方を信頼してもらえるようにするのです。

・あなた自身が持つ偏見に注意しましょう。選択肢を検討する際、あなたは客観的に考察していますか。それとも、個人的な願望や自分が楽なほうに傾いた考え方をしていませんか。ひとつひとつの選択肢を公平に扱いましょう。正当な理由で決断を下せるように、思慮深いすぐれたパートナーに協力してもらうのもいいでしょう。そうすれば、ほかの人たちは、あなたの誠実さと客観的であろうとする姿勢に敬意を払うはずです。

思いやりを示す

・戦略的な思考を人間関係に活かしましょう。人生に最もポジティブな影響を与えてくれる人たちをリストアップするのです。そして、どうしたらそれぞれの関係にさらに多くの時間と努力を再投資できるかを考えます。

・家族のために掲げている目標はなんですか。親しい友人たちのための目標は？　彼らのほうの目標はなんでしょうか。あなたの戦略的思考の才能をこうした人生の親密なパートナーたちに向けてみましょう。夢は持っていても障害だらけの人はいませんか。どうすることもできずに行きづまりを感じている人は？　あなたはそういう人たちに別の道筋があることを指摘して、険しい道を避けられるように助けることができます。彼らが新たな可能性を見つけられるように力を貸して、真摯に思いやりを示しましょう。

安定をもたらす

・尊敬または崇拝する有能なリーダーたちの戦略を研究してみましょう。豊かなインプットは、豊かなアウトプットに直結します。研究によって得られた見識が、あなたの戦略的思考を刺激し、機知に富んだものにしてくれるはずです。あなたは決して自分の考えにとらわれているわけではなく、調査に裏づけられた可能性や選択肢を提示しているのだということを周囲に知ってもらいましょう。あなたが歴史的な視点を重んじ、ほかのリーダーたちから学んでいることがわかれば、まわりの人たちはあなたのアイデアを支えている確固たる根拠を高く評価するはずです。

・あなたは、絶対確実な道筋だけでなく、いままであまり使われなかった道筋を選ぶことによって生じる多くの可能性も見ています。「こうしたらどうなる?」と自問して、その分野のリーダーになりましょう。以前たどった道筋にとらわれすぎると可能性が狭まってしまうことを周囲に説明し、あなたがあらゆる可能性を注意深く検討していることを理解してもらいましょう。皆は偏見を持たずにじっくり考えるあなたの姿勢を見て、あなたが常に最善の道を探していることを確信するでしょう。

希望を生み出す

・新しいイニシアチブや事業計画の下準備には必ずかかわるようにしましょう。事が進むにつれて、考案者たちの視野が偏り、せっかくのアイデアが裏目に出てしまうことがあるからです。それを防ぐためにも、事業を立ち上げるときには、あなたの革新的で秩序だったアプローチが欠かせません。彼らの視野を広げ、成功のチャンスを大きくするのです。

・実現可能なビジョンを単なる夢物語に終わらせないためにも、あなたの戦略的思考が必要です。ビジョンの実現に向けてあらゆるプロセスを十分に検討するように、人と組織を導きましょう。先見の明さえあれば、障害が現れる前にそれを取り除き、前に進むように皆を励ますことができます。

・問題が生じて途方に暮れていたり、障害に妨げられて動けなくなっている人たちの相談相手になりましょう。絶望的としか思えない状況で道を見出すことで、あなたは彼らを元気づけ、成功へと導くことができるはずです。

〈戦略性〉を強みとする人を率いる

・チームの最先端。それがこの人に最も適した場所です。問題を予測し、解決するこの人の才能はきわめて貴重です。あらゆる可能性を探るように指示するといいでしょう。最良の対策を見つけてくれます。最高の戦略を得るのに欠かせない人材です。

・この人の強みが〈戦略性〉であるとわかれば、戦略を練る力、あるいは未来を読む力を養う講座に参加させます。さらにすぐれた考えを生み出すようになるでしょう。

・この人は、考えをことばで表現する才能も備えています。この人の思考力をさらに研ぎすまさせるには、同僚の前で話をさせたり、社内報に記事を書かせたりするのも有効でしょう。

〈達成欲〉で人を率いる

Achiever

〈達成欲〉の資質にすぐれた人は、スタミナが旺盛で、精力的に働きます。この人は常に忙しく動きまわり、何かを成し遂げることに大きな満足を覚えます。

信頼を築く

・あなたの仕事に対する勤勉さと熱心さは、周囲から一目置かれています。常に努力し、何かを成し遂げているその姿は、あなたが信頼でき、物事を正しく行う人間であることをはっきりと示しています。その信頼に応え、言動一致を心がけましょう。

・仕事をするなかで人間関係を築くことです。ひとつの仕事に共に取り組むことで、確固たる信頼関係を築くことができます。自ら進んでいっしょに努力してくれることがわかれば、周囲と心が通じます。上司ではなく、皆と対等な人間であると示すことで、互いを信頼し、認め合えるようになるのです。

思いやりを示す

・あなたにとって、目標を設定し、達成することは何よりも重要です。この生き方をほかの分野でも実行しましょう。大切な人たちと十分な時間を過ごせていますか。過ごせていなければ、関心を共有するプロジェクトに日ごろ気にかけている人を採用し、その工程を設定するといいでしょう。ひとつのことを成し遂げたという達成感と、いっしょに過ごした時間への満足感を得ることができます。

・個人的な人間関係をひとつ以上確立すること――これを毎日の目標に加えます。それによって、相手があなたにとって時間を割く価値がある人間だとまわりに感じさせることができます。また、あなた自身も、毎日の「やることリスト」にチェックマークをつけて満たされた気分になるでしょう。

安定をもたらす

・周囲は、勤勉さと絶え間ない努力を重んじるあなたの信念を頼りにし、あなたが常にそれを実行することを期待するようになります。あなたの一貫性と努力を、安定した不安のない人生を築くために必要なものと見なし、それによって安定感を得るのです。常に最善を尽くす気分について話してみてはどうでしょうか。人生でコントロールできるものは自らの努力であることを知ってもらいましょう。

・人は、スタミナ旺盛なあなたを「柱」と見なします。常に働いていて、疲れ知らずに見えるからです。あまりに長時間働き続けるあなたを、気の毒とさえ感じるかもしれません。そういう人たちには、他人の仕事のやり方とは違うかもしれないが、自分にはこれが合っている、ということを丁寧に説明します。それから、「君は自分の仕事の仕方のどんなところが好きなの？」と訊いてあげましょう。仕事へのアプローチに自信を持たせることによって、相手を理解し、サポートできるようになります。

希望を生み出す

・可能なかぎり多くのことを成し遂げようとするあなたの驚異的なエネルギーと欲求は、周囲をやる気にさせます。皆の達成したいことを知り、その進捗状況を尋ねて、励ましましょう。日程やチェックリストの作成を手伝うことで、計画や夢の実現を助けることができます。

・目標と期限の設定は、やる気を大いにかき立てるだけでなく、巨大プロジェクトの管理にも役立ちます。あなたは、複雑な大事業を段階ごとに区切り、扱いやすく見せることにすぐれています。大きな仕事についてアドバイスを求められたら、全体を細かく分割して管理する方法を教えてあげるといいでしょう。

〈達成欲〉を強みとする人を率いる

・時間外労働が必要なプロジェクトがあったら、この人に任せるといいでしょう。「仕事を終わらせたいなら、忙しい人に頼むといい」などとよく言いますが、たいていの場合、そのとおりです。

・この人は忙しくしているのが好きなのです。会議の席に座っているだけでは、退屈するタイプなのです。ですから、自らの仕事に集中させるといいでしょう。会議に出席させるのは、この人を本当に必要とし、中心的役割を与えられるときだけにかぎります。

・自分の業績は自分で評価できるよう、その手助けをします。この人は就労時間については自ら進んで記録をつけているかもしれませんが、それより重要なのが蓄積される成果の自己評価です。対応した顧客数、名前を知っている顧客数、吟味したファイルの数、顧客になりそうな人に接触した回数、ただ見かけただけの顧客数など、わかりやすい基準を設けるといいでしょう。

・この人との信頼関係は、仕事をするなかで築きましょう。ひとつの仕事に共に取り組むことで、確固たる信頼関係を築くことができます。仕事のできない人と組ませてはいけません。「さぼり屋」は、この人の天敵です。

・ひとつの仕事を終えたからといって、休息や単純作業を与えることは、この人にとってねぎらいにはなりません。そのようなものを望んではいないからです。むしろ成果が認められ、新たな目標が示されると、さらに意欲を燃やすタイプです。

・この人は睡眠不足を苦にせず、誰よりも早く1日をスタートさせることを厭いません。早朝出勤や残業が必要な場合には、声をかけるといいでしょう。そして「この仕事を終えるのにどれくらい残業した？」、または「今朝は何時に出勤したの？」と尋ねます。この人はそういうことに注目されることを喜びます。

・自発的に仕事ができるからといって、型どおりに昇進させてはいけません。最も得意とする分野から遠ざける結果になるかもしれないからです。それより〈達成欲〉以外の資質や強みを正確に見抜き、得意分野でより多くのことが達成できる機会を与えるべきです。

〈着想〉で人を率いる

Ideation

〈着想〉の資質にすぐれた人は、ひらめきに魅力を感じます。見た目には共通点のない現象につながりを見つけることができる人です。

信頼を築く

・なぜあなたは常に新しいものを追求するのでしょうか。その理由がまわりにもわかっていれば、あなたならきっと正しい選択をするはずだと信用されていることでしょう。だから、「なぜ」そうするのかを説明することです。現状を改善しようとしていること、さまざまな出来事をうまく説明しようとしていること、人の役に立つ発見を探し求めていることをまわりにもわかってもらえるよう努めましょう。

・物事をシンプルにしましょう。あなたのアイデアやその実現性、ほかと異なる考えに混乱する人もいるからです。あなたには物事の成り立ちを簡潔に考えることができます。それを周囲にもわかるようにはっきりと示すのです。はっきりさせればさせるほど、あなたの行為が正しくて理にかなっていると確信してもらえるようになるでしょう。また、現実にあるものとありうるものとをほかの人たちも関連づけて考えられるよう、手助けをするのもいいことです。

思いやりを示す

・人はあなたの独創的なイマジネーションと新しいアイデアへの飽くなき探求を高く評価しています。その探究の旅に皆を誘いましょう。いっしょに夢を見るように言うのです。発想と可能性への希望を共有すれば、たとえ分野やアプローチは異なっていても、充実した人間関係を築くことができます。

・実践的な人たち――あなたのアイデアを現実的なものにし、実現させる人たち――と仕事をするといいでしょう。創造的な刺激を与え、夢を形にするのを手伝うことができます。違いが互いを結びつけ、ひとりで実行するよりも成功率が高まります。ほかの人たちの提案を尊重し、その真価を認めることを心がけましょう。

安定をもたらす

・安定と〈着想〉は、相反するもののように見えるかもしれません。常に慣習から脱却して、新しい角度から物事を見ようとするのは、いまあるものを壊そうとしているのではなく――むしろ、よくしようとしているのだ、ということをことばで表すといいでしょう。現状を維持し、いままでと同じやり方で物事を進めても安心は得られません。安心とは、将来に確実に備えることなのです。

・あなたはリスクを負わなければなりません。しかし、そのリスクはあらかじめ計算されたものであり、無謀なものではないことを示せば、まわりは安心します。新しいものを追求することのロジックを理解できるように手を貸し、まわりへの報告を常に怠らないようにしましょう。

希望を生み出す

・あなたは、研究開発に携わる人たちとうまくやっていくことができます。社内の明確なビジョンを持った人や夢想家たちの考え方を高く評価しているからです。想像力に富んだスタッフたちと過ごし、ブレインストーミング・セッションに参加するといいでしょう。すぐれた着想を持つ知り合いに、参加するよう声をかけるのも悪くありません。きわだった〈着想〉の才能を持つリーダーとして、あなたは人を鼓舞する発想を提供し、それを実現することができる人です。

・着想について話すことが好きな異なるバックグラウンドを持つ人たちを見つけ、互いに支え合う、満足できる関係を築くといいでしょう。馴染みのない分野の知識と夢にやる気を駆り立てられるはずです。視野の広い考えへの欲求を互いに満たし合いましょう。

〈着想〉を強みとする人を率いる

・この人は独創的な発想を持っています。ですから、そうした発想が評価される部署に配属するべきであることは言うまでもありません。

・この人には、最も大切な顧客たちと共有できるような有益なアイデア、見識を思いつくように促します。企業のほうから何らかの考えを提供すると、顧客ロイヤルティーのレベルも向上するということが調査によっても明らかになっています。

・この人は物事に一貫性がないと納得しません。ですから、決定を下すときには時間を割いてでも、ひとつひとつの決定が共通の理論や概念から生まれていることを説明することです。

・個々の決定がそれらを超える概念にそぐわないとき、これは例外であるとか、ひとつの実験であるとか、必ず説明をしておくといいでしょう。説明がないと、企業が支離滅裂状態に陥っているのではないかと心配しはじめるのがこの人の性格です。

〈調和性〉で人を率いる

Harmony

〈調和性〉の資質にすぐれた人は、意見の一致を求めます。この人は、衝突を好まず、同意点を求めます。

信頼を築く

・あなたは他人の意見を重んじ、さらに、その意見が傾聴されるように手を貸すことで尊重の念を表す人です。ときに意見が一致せず、ひとりひとりの考えは貴重であり尊重すべきだと指摘する必要に迫られることもあるでしょう。そういうときには、人の言うことに耳を傾けることの大切さを、簡潔かつ効果的に伝えられることを心がけましょう。

・誰より声高に述べられる意見だけが重要なのではありません。ときどき、議論を止めて全員の意見を募り、ひとりひとりが発言できる機会を与える必要があります。そういったときには、その場が互いに信頼し合え、認め合える場であることを確認することです。そうすることで、寡黙な人も意見を言いやすくなります。すべての意見を聞いたほうがよりよい決断を下すことができるということを明確にすれば、あなたの真意が伝わって公正な議論ができるようになるでしょう。

思いやりを示す

・〈調和性〉の才能は人生をより好ましいものにします。衝突と摩擦を最小限にとどめることによって、ストレスが軽減できるからです。企業のより大きな目的を丁寧に説明しましょう。緊張が高まったときには、皆を結びつけている最も重要な使命を思い出させるといいでしょう。そうした行為により、衝突が和らぐだけでなく、共通の目的に基づいた、より次元の高い人間関係が生まれます。その結果、誰もが全員の意見を思いやり、ひとりひとりの考えを尊重するあなたに引きつけられることでしょう。

・あなたは、共通点をたやすく見つけることができます。個人と集団の調和に努めるのは、1対1の関係やグループの関係を気遣い、強めようとしている証です。一度の交流で、いくつの共通点を見つけることができますか。それを数えて、回を重ねるごとにその数を増やしていけるかどうか見るのもいいでしょう。接点が増えれば増えるほど、重要で長続きする人間関係を築く見込みが大きくなります。

安定をもたらす

・あなたは平和と理解を自然にもたらします。たとえ意見は違っていても、あなたのアプローチがあればグループの結束が崩れることはありません。グループの強さとは、まわりに敬意を払いつつ、さまざまなアイデアを俎上に載せることができることだと指摘しましょう。論争を回避するあなたの才覚は、どんな問題が起ころうともグループが壊れることはない、という安心感をまわりに与えます。

・全員を落ち着かせ、全員が冷静でいられるように手助けするだけで、あなたはまわりに安心感を与えます。感情的な心ないことばに傷つく人を出さないよう努めましょう。相手を尊重する厳かな雰囲気をつくると、誰もが安心して意見を発表できるようになります。

希望を生み出す

・互いの意見を誠実に受け止める交流会やフォーラムを確立し、促進します。そうすることで、皆の意欲、個人の達成水準、チーム全体のパフォーマンスの向上に貢献することができると同時に、将来への希望も生まれます。

・知識とスキルを結集して、平和裏に問題を解決する才能を磨くといいでしょう。意見の衝突の解消法をマスターしたら、その方法をいっしょに学ぶようまわりに進めるのもいいでしょう。励まし合って、全会一致の解決策を見つける達人を目指すのです。教えながら学ぶのです。

〈調和性〉を強みとする人を率いる

・この人と意見が一致する分野や問題を見つけ、これらのトピックについて定期的に話し合う場を持ちます。この人と同じように〈調和性〉にすぐれた人たちとともに仕事をさせるといいでしょう。この人はまわりから支持されているとわかると、より集中し、より生産的な力を発揮します。

・あなたが間違っているときに、この人が異論を唱えなかったとしても驚いてはいけません。この人は〈調和性〉こそ第一と考えているので、あなたの考えに非があっても同意を示すことがあるからです。ですから、あなたが自分の考えを明確にしておきたいときには、躊躇なく意見を口にできる人を探すべきで、この人はあまり役には立ちません。

〈適応性〉で人を率いる

Adaptability

〈適応性〉の資質にすぐれている人は「状況に身を任せる」ことを好みます。この人にとって大切なのは「いま」であり、その時々の状況に柔軟に対処し、毎日の選択によって将来を見出していきます。

信頼を築く

・自分を信じ、自分で対処方法を見つけられるように助けてあげることしかできないときもあります。どうにもならなくなっていると感じている人たちには、対応しだいで結果を変えることができるということを認識させてあげましょう。彼らの力を信じ、自分自身の力を信じさせることによって、自信を与えることができます。

・あなたは、手綱をとって主導権を握ろうとはしません。むしろ、人生の旅の同伴者です。自分だけの目的は持ちません。そのため、「この人は自分たちを操ったりしない。純粋にいっしょに道を歩むためにそばにいるだけだ」と信頼されるようになります。行きたい方向を尋ね、そこへ行けるよう助けてあげるといいでしょう。本当の味方だとわかってもらえます。

思いやりを示す

・周囲は、あなたの「いまこの瞬間が重要」という考え方に感謝します。何をおいても、彼らの気持ちや欲求に注目してあげることです。今後のことはともかく、いま現在の状況こそ本物なのです。それを尊重し、いっしょにいるときには、周囲にとって重要なものに注意を集中させましょう。自分たちが特別だと感じさせることができます。

・流れに身を任せるあなたの能力は、不安を解き放ち、瞬時にフラストレーションを消し去ります。これは、ほかの多くの才能にとって、癒しとなります。また、周囲がストレスで疲れきっているときには状況を整理する助けになります。「人生のあらゆる局面をコントロールしなくては」という思いから自由になる心地よさ――それを体験させてあげましょう。どんな状況にあろうとも、ストレスから解放し、満足させてあげることが大切です。

・目の前の仕事に柔軟に対応するすぐれた才能があります。差し迫った難局を意識し、そのことに気を配るあなたを見て、周囲は気にかけられていることを実感するでしょう。ときにあなたは、人の気持ちに反応し、その人が求めるものを理解できるよう手を貸すことによって人を導きます。そんなあなたは、困ったときの重要なパートナーとなります。

安定をもたらす

・安定性と柔軟性――このふたつは両立するでしょうか。答えはもちろん「イエス」です。幹がいくつもの節に分かれているヤシの木を思い浮かべてください。その幹のおかげで木は強風に耐えることができるのです。同じように、状況に臨機応変に対応できるあなたの柔軟さは、皆に安心感を与えます。一生懸命やったときほど、突然の障害や予期せぬまわり道が出現してコースから外れざるをえないことがあります。そんなとき、計画を最終的に成功させるにはこうした脇道がときには必要であり、望ましくさえあることを教えてあげたらどうでしょう。そして、計画が壁にぶつかったとき、「諦めない」よう支えてあげましょう。ここからは自分たちで道を見つけられる、と自信を与えるのです。

・忍耐は美徳です。それを、ときどき指摘してあげる必要があります。すぐに行動して結果を出さないと気がすまない人たちは、努力を持続できずに、簡単に諦めてしまうことがあります。リラックスしてなりゆきに任せるよう助言することによって、安らぎと救いを与えることができます。そうすることで、無理に結果を出すよりもよい成果が得られるかもしれません。

希望を生み出す

・すべてをコントロールせずに、本物の人生をはじめなさい、と言ってあげるといいでしょう。あなたの考え方、経験、知識を共有することによって、やる気を起こさせます。

・受け入れることを教えてあげましょう。よいことにしろ、悪いことにしろ、過去の出来事に関して、皆がそれに対処し、乗り越えることができるように、どんな手助けができるでしょうか。自分ではどうにもならなかったことを受け入れた経験を振り返ってみましょう。どのように感じましたか。どう処理しましたか。ほかの人たちが同じことをするよう手助けすることができますか。

〈適応性〉を強みとする人を率いる

・この人は、日々状況に応じて進むべき方向を決めるタイプです。ですから、この人が仕事で成功するかどうかは、不測の事態に柔軟に対応できる能力が活かされるかどうかにかかっています。この人の配属はそのことを念頭に置いて決めるといいでしょう。

・進行中の計画があれば、この人には早めに伝えましょう。ただ、この人に〈目標志向〉の資質がないかぎり、計画立案の助けを期待してはいけません。この人にとって準備作業は退屈な仕事なのです。

・〈適応性〉以外にもきわだった資質はないか探りましょう。〈共感性〉にもすぐれているようなら、顧客のさまざまな欲求をすばやく察知して対応しなければならない業務に就かせるといいでしょう。また、〈成長促進〉の資質がある場合には教育係が向いています。

・目標設定や人事など、将来のことについて話し合う会議に出席させる必要はありません。この人にとって大切なのは「いま」であり、そのような会議にはあまり意味を見出さないタイプです。

〈内省〉で人を率いる

Intellection

〈内省〉の資質にすぐれた人は、頭脳活動を好みます。この人は内省的で、知的な討論を愉しむタイプです。

信頼を築く

・ほかの人たちの考えをくわしく分析し、正直な意見を丁寧に本人に伝えると、彼らを落とし穴や過ちから守ることができます。成功を助けようとするあなたのそんな積極性は皆から感謝され、頼りにされるようになるでしょう。

・あなたのきわだった知的能力はまわりから尊敬され、畏敬の念も抱かれていますが、行動を伴わない思考は必ずしも役に立つわけではないことを念頭に置きつつ、自分の価値を示しましょう。〈内省〉の資質を活かして変化をもたらせば、必ず敬意が返ってくるはずです。

思いやりを示す

・あなたは、知的で冷静な議論を交わすことによって物事の意味を理解し、人間関係を確立します。同じように活発な議論を愉しむ人たちに挑発的な質問を向けてみましょう。思考を研ぎすましてくれる友人兼同僚――さらに何度でも共に過ごしたいと思う相手――と見なされるはずです。

・自分といっしょに考えてほしいとあなたに望む人もいれば、自分のために考えてほしいと思う人もいます。人とはまったく異なる角度から物事を見るあなたは、多くの人たちと人間関係を確立することができるでしょう。共通の目的を持つ行動派の人たちにとって、あなたは、成功する見込みを増やしてくれる、思慮深いパートナーのようなものです。そんな彼らにはあなたの考えを共有させ、彼らを心から気にかけていることを示しましょう。

安定をもたらす

・まわりの人には折に触れ、あなたの思考回路について考えて理解する時間を与えましょう。それが理解できなければ意見を言えない人もいるかもしれないからです。いまの結論にたどり着くまでに頭のなかで行った手順をまわりに伝えれば、あなたの考えは根拠を欠いている、といった不安をまわりに抱かせずにすみます。

・あなたにはひとりになってじっくり考える必要があることを、まわりにも理解してもらえるようにします。それがあなた流の考え方であり、人間関係やあらゆる機会において最善を尽くすためであることをわからせるのです。皆や企業にとって最善のことを考えていることがわかれば、まわりは少なからず安心します。

希望を生み出す

・自分たちの知性をフルに使うようまわりを促します。質問の仕方を変えてみたり、会話に引き込んでみたりするのも悪くありません。ただ、その際にはそういったアプローチに怖気づいたり、意見を言うまでに考える時間が必要な人もいることも忘れないように。彼らが自分に一番合った方法で知性を働かせることができるようアドバイスし、その方法で夢を描き、将来について熟考するよう手助けします。

・人は、アイデアや試みを慎重に吟味するあなたに意見を求めてきます。そんなときには、実力をフルに発揮するために、結論を出すまでじっくり考える時間をとることを忘れないように。プロジェクトにかかわるときには、長期的な成果により大きく貢献できるように、下準備や構想の段階から参加するといいでしょう。

〈内省〉を強みとする人を率いる

・この人にはまとまった時間をつくり、考えることにだけ集中できるよう勧めます。ただ考えているだけでは何も生み出せない人もいますが、この人は違います。静かにじっくり考えることにより、思考力がより鋭くなり、本人の自信も増すようになります。

・この人の強みについては細かい点まで話し合い、客観的な目を持たせるようにします。内省や自己発見に愉しみを覚える人なのです。

・考えていることを同じ部内の人たちに伝える機会を与えます。そうすることで、この人の思考はより緻密に、より明確なものになります。

・〈活発性〉にすぐれた人と組ませると、その人がこの人の考えやアイデアを行動に移す後押しをしてくれるでしょう。

〈分析思考〉で人を率いる

Analytical

〈分析思考〉の資質にすぐれている人は、理由と原因を追求します。この人は、ある状況に影響を及ぼしそうなあらゆる要因について考える力を持っています。

信頼を築く

・何かを勧めるときには慎重にしましょう。あなたの分析的な思考を信頼するあまり、ほかの人たちが自分ではあまり考えることなく、あなたの言うことを鵜呑みにしてしまうことがあるからです。これはこれで悪いことではないかもしれません。が、ときに、あなたにはよいことでもほかの人たちには必ずしもそうではないことがあります。ほかの人たちは、そのことを理解するのにあなたの助けを必要としているかもしれません。あなたの分析に基づいて彼らの欲求や要求を決めてはいけません。彼ら独自のニーズに沿って、成功につながる行動や製品を決める要因を整理する手助けをしてあげましょう。彼らにとって一番よいことを望んでいるとわかってもらえれば、あなたへの信頼はさらに高まるでしょう。

・あなたは、現実と本物と真実を自然に明らかにします。そのため、矛盾や混乱をはらんだ情報のなかから「真実を見つけてくれる人」だと期待されています。これが、あなたらしいサポート方法です。助けを求められるまで待たず、自分から手伝いを申し出ましょう。積極的な分析が認められ、皆から信頼されます。

思いやりを示す

・アイデアを精細に吟味することが好きな人たちは、あなたの分析的な、真実を追求するアプローチに魅かれます。議論をはじめて、互いに挑発し合うような駆け引きをしましょう。新しいアイデアを追求すること、何が事実で何が推測かを見きわめることを愉しみましょう。自分と同じ趣味の人を見つけたら、ゲーム感覚で議論や討論をして、互いが愉しいと感じる関係を築きましょう。

・窮地に立たされた人を助けるとき、あなたの思いやりとやさしさがはっきりと表に出ます。データも決めることも多すぎてどうしていいかわからなくなっている人がいたら、その厳しい状況のなかで、物事の本質は何か、どうしたら状況が改善されるかを見きわめてあげることがあなたの役割です。

安定をもたらす

・データは、安心の源です。リサーチによってデータが裏づけられれば、人は進んで計画とその結果を受け入れます。起こりうることと起こらないことを慎重に検討するあなたは、多くの人が求める安定をもたらすことができます。入念に下調べを行い、あなたの手がかりが頼りにされていることを忘れないようにしましょう。

・あなたの支持は自信をもたらします。その自信によって、人は自分の下した判断を信頼できるようになり、その結果、行動を起こし、物事を成し遂げることができるのです。ほかの人が正しい判断をしていると思うときには、本人にそう伝えましょう。あなたがその人の意見や根拠を信頼しているという事実が、前に進む確信と強さをその人に与えるのです。

希望を生み出す

・正しいと思う困難なことをしている人がいたら、応援しましょう。もしあなたが自分の立場にいたらどうするかを推測しようとしているのかもしれません。賢明な判断を誉め、この先の困難に立ち向かうことができると励ましましょう。成功すると信じるなら、そう伝えます。

・決定を下す際にアドバイスを求められたら、あなたの思考過程を分析してみせて、それが情報の分類にどのように役立っているかを説明しましょう。ただ、その際にはあなたのように思考できる人ばかりではないということを気にとめておくことも大切です。なかには、あなたのアプローチを学びたい人もいるでしょう。あまりにもスムーズに、無意識に行われているこのアプローチを明確に表現できるようにして、意欲的な生徒がいたら教えてあげましょう。

・指導は一方通行とはかぎりません。行動派の人をパートナーとして選びましょう。よく考えたうえで賢明な判断を下せるようにすれば、彼らがそれを行動に移します。そうすれば互いに得るところがあり、向上心も高まります。

〈分析思考〉を強みとする人を率いる

・すでに下された決定を伝えるときには、矛盾点がいっさいないよう筋道を立てて説明します。いささかくどいと思われるほど説明するほうがいいでしょう。どんな決定であれ、隅々まで理解できないと、この人は従えないのです。
・機会あるごとに、この人の論理性を認め、賞賛のことばをかけましょう。首尾一貫した思考には本人も自信を持っているはずです。
・この人を説得するための数値は、裏づけのある正確なものでなくてはなりません。いい加減なデータでこの人を信用させることはできません。
・この人にとっては、データを分析し、パターンを見つけることが人生最大の関心事です。ですから、この人がパターンを発見したときには、それを詳細に説明する機会を与えましょう。それがこの人には仕事に対する動機づけとなります。また、それによってあなたとの信頼関係も強固になるでしょう。
・たとえ同意できなくても、この人の意見には真剣に耳を傾けましょう。この人独自の観点で考え抜いた結果だからです。

〈包含〉で人を率いる
Includer

〈包含〉の資質にすぐれた人はほかの人たちを受け入れます。この人は、取り残されていると感じている人たちに気づくと、彼らをグループに入れようと努めます。

信頼を築く

・まわりの人はエリート意識をまったく持たないあなたを尊敬し、一目置いています。あなたなら共通点を見つけ、ひとりひとりの貢献を認めてくれる、と頼りにすることができるからです。
・あなたは生まれつき人を躊躇なく受け入れる資質を持っています。それによって生じるメリットやデメリットをあれこれ考えたりはしません。あなたにしてみれば、誰かがそこにいれば歓迎されるべきだし、グループの一員となるべきなのです。人を外面だけで判断せずに、人の心のなかを慮《おもんぱか》るようにまわりに働きかけましょう。人に敬意を払うあなたを見れば、あなたが尊敬するに値する人間であることはすぐに伝わります。

思いやりを示す

・誰もが〈包含〉の資質を持つ人を友人として必要としています。あなたは、歓迎されていると相手に感じさせて、その相手をすぐにグループのなかに包含します。部外者のように感じている人に手を差し伸べて、輪に入るように誘いかけましょう。たとえ拒絶されても、ためらってはいけません。あなたは常に正しいことをしているのですから。

・新しく入ってきた人たちとの人間関係を育みましょう。彼らの最初の友だちになるのです。名前を尋ね、ほかの人たちに紹介して、接点を見つけられるよう手を貸してあげるのです。こうしたふるまいによって、あなた自身、たくさんの親しい友をつくることができます。不安でいっぱいの新しい職場で、ちゃんと自分の居場所がある、と感じさせてくれた人のことは、誰でも忘れないものです。

安定をもたらす

・のけ者にされたりなどしないことがわかっていると、人の気持ちは安定します。あなたが常に門戸を開き、さまざまな人を受け入れていれば、いつでも歓迎してもらえることがまわりの人たちにもすぐに伝わります。それが安心感というものです。

・グループに新しいメンバーが入ったとき、「いつでももうひとり入れますよ」というあなたの態度がライバル心よりも歓迎の心を育みます。輪が広がるのを見て、皆の縄張り意識は薄らぎ、自分たちの居場所があることに、いままで以上に安心感を感じるでしょう。そんな彼らにオリエンテーションを担当させて、自信をいっそう強めてあげるのもいいかもしれません。

希望を生み出す

・「包含のコーチ」になりましょう。歓迎されていると感じさせる工夫をほかの人とも共有するのです。人によっては、快適な状況から一歩踏み出して誰かをグループに入れようとすることに、ためらう人もいるかもしれません。そんな人には背中をやさしく軽くひと押ししてあげましょう。のちにふたりの人間が成長する機会をいくらかでも増やすことになるはずです。
・あなたを通して皆がつながるのだと考えるといいでしょう。あなたは情報のパイプです。グループ内の全員とつながることで全員をつなげることができます。このネットワークが日々拡大していくのを観察しましょう。

〈包含〉を強みとする人を率いる

・この人は、同じチームの一員であることをすべての人に感じさせることに満足を覚えます。ですから、新規採用者のオリエンテーション・プログラムづくりを任せるといいでしょう。自ら愉しんで新人を歓迎する方法を考えてくれるでしょう。
・顧客の対応にもこの人の〈包含〉のすぐれた資質を活用すべきです。適切な役割を与えられれば、並外れた才能を発揮し、企業と顧客のあいだを隔てる壁を取り払ってくれること請け合いです。

・この人は、一部のかぎられた顧客向けの最高級商品や特別待遇に価値があるとは思っていません。ですから、幅広い市場向けに企画された製品やサービスを扱う部署に配属すると、喜んで市場を開拓する手段を考えることでしょう。

・場合によっては、あなたの会社と地域のさまざまな機関との橋渡し役を任せるのも悪くありません。

〈ポジティブ〉で人を率いる

Positivity

〈ポジティブ〉の資質にすぐれた人の熱意はまわりに伝染します。この人は楽天的で、そばにいる人たちもこれからすることを愉しみにするようになります。

信頼を築く

・否定的なことを聞き慣れているために、たえずポジティブなあなたの発言に最初は懐疑的な人もいるでしょう。気にせず、ポジティブな発言を続けることです。そうするうちに、あなたが――いつ、誰に対しても――その楽天的な姿勢を崩さないことを信じてもらえるようになります。

・誉めるときには心から誉めて、決して口先だけの賞賛や嘘にならないように気をつけることです。調査によると、批判よりも虚偽の賞賛のほうが相手に大きなダメージを与えます。本当によいと思うなら、そう言いましょう。思わないなら、相手の知性と洞察力を見くびってはいけません。お世辞への誘惑に屈しないようにしましょう。

思いやりを示す

・〈ポジティブ〉の資質を持つあなたは賞賛を惜しみません。いくら気前よくしてもしすぎることはありません――認められすぎて悩む人はいません。具体的なことや個人的なことを挙げて存分に誉めましょう。そうやって明るい気分と偽りのない評価を広めて、相手があなたとのやりとりを毎回愉しみにするようにするのです。

・つらいとき、あなたの存在は数少ない輝点――灯台――のひとつになります。その役割を決して過小評価してはいけません。あなたからたえず与えられる励ましを求めて、人はあなたのところへやってきます。君ならできる、と教えてあげましょう。そして、何が必要なのか訊き出すのです。新たな活力を与えることができるはずです。

・常にポジティブで、相手を励ますユーモアを備えた人になることを心がけましょう。あなたは言い訳や無神経なユーモア、皮肉を言ったりはしません。このポジティブなアプローチは確実にほかの人たちにも伝わり、まわりの雰囲気を変えるでしょう。

安定をもたらす

・あなたには、人の自信を深める天性の才能があります。人が物事を正しく行ったり正しいことをしたりしているところを見つけることに努めましょう。肯定し、誉めることでその人がさらに強くなり、自分に自信が持てるようになるのを見守るのです。

・あなたは、その楽観主義から、ときには完璧ではない解決策も受け入れることができます。その結果、完璧さにこだわらずに前進するよう、ほかの人たちを促すことができます。理想的とはいえない状況にも可能性があることを見出し、その理由をまわりにも伝え続けましょう。そうすることで、状況を改善するために、いつでも――たとえ、完全な解決策がまだないときでも――躊躇せずにリスクも冒せるよう手助けをします。

希望を生み出す

・ドラマチックな瞬間を演出しましょう。アンディ・ウォーホルが言ったように、誰でも15分間は有名人になれるなら、あなたがその舞台を設定してあげましょう。さらに、そのひとときが意義深く、15分より少しでも長く続くようにしてあげましょう。

・あなたの楽観主義のおかげで、人は期待を込めて将来を見つめます。将来や実現できることについて話してみましょう。そして、そこに見える機会や可能性を共有するように皆に求めるのです。声に出して言うだけで、それは目標となり、最終的には現実となることでしょう。

・感情は行動の結果にも原因にもなりえます。祝い事の機会は逃さないようにしましょう。笑いはセラピーになります。社内に音楽や舞台演出を取り入れましょう。そういうことをすれば、感情の貯金箱にポジティブな影響を与え、それが生産性、相互支援、収益に表れるはずです。

・ポジティブな環境をつくり出すときには、その環境を保護し、維持していくことを忘れないようにするといいでしょう。常に泣き言を言ったり、愚痴をこぼしたり、不満を抱えたりしている人たちからは、できるだけ距離を置きましょう。あなたのポジティブさと同じように、ネガティブさもまわりに伝染するものです。あなた自身もあなたのグループも意図的にきわめてポジティブな環境――楽観主義を奨励し、育む環境――で過ごす必要があります。

〈ポジティブ〉を強みとする人を率いる

・この人は、得意先を招待した新製品の発表会や、ユーザーが一堂に会するイベントで大いに頼りになる存在です。

・この人の情熱にはまわりを巻き込む力があります。この人をプロジェクトチームの一員にするときには、そのことを忘れないようにしましょう。

・この人は人を誉めるのが大好きで、その意思をうまく伝える方法を心得ています。目標を達成した従業員の功績を認め、賞賛したいときにはどうすればいいか、この人に尋ねてみるといいでしょう。誰も考えつかないような妙案を提供してくれるかもしれません。

・〈ポジティブ〉以外のきわだった資質にも目を向けます。〈成長促進〉にもすぐれているようなら、教育係を任せます。手腕をふるい、教育現場全体に活力を与えてくれるでしょう。〈指令性〉も兼ね備えているようなら、販売にすぐれた能力を発揮するはずです。強引さとエネルギーが相俟って、それは強力な武器となります。

〈未来志向〉で人を率いる

Futuristic

〈未来志向〉の資質にすぐれている人は、未来と未来にできることを心に描くことで自らを鼓舞します。この人は、また未来のビジョンを人に話すことでまわりをも鼓舞します。

信頼を築く

・未来に何ができるか想像させるときには、そのビジョンが現実に根差したものになるようにしましょう。たいていの人は、あなたほど簡単に数十年後を思い描くことができません。自分がその未来の一部になるために何ができるか、できるだけ細かいところまで描いてあげるといいでしょう。現実的な姿勢があれば、皆があなたの描く目標を信頼し、自信を持つことができます。

・未来に目を向ける天賦の才能から、不穏な気配がわかることもあります。そんなあなたには――あなた自身は問題よりも可能性について話すことが好きだとしても――面倒なことが起きる前に障害になりそうなものを見つけ、取り除く手助けができるかもしれません。そういうことができれば、まわりはあなたを頼り、あなたが見るものを信用するようになるでしょう。

思いやりを示す

・相手の話に耳を傾けることは、つながりをつくる最良の方法のひとつです。部下たちに、夢について質問するといいでしょう。理想の未来について語ってもらうのです。そのどこかに、あなたの〈未来志向〉の才能とのつながりが見つかるかもしれません。質問し、気持ちをことばにして未来像を明確にできるよう助けてあげることによって、そのつながりをさらに強いものにします。自分の未来への希望や夢に関心を持ってくれた、というだけで、相手はいままで以上に親近感を感じてくれるでしょう。

・あなたにはほかの人よりはっきりと未来が見えるわけですから、皆に対しても夢を持ちましょう。そして、覚悟を決めれば夢をかなえることは可能だと伝えます。あなたには本人が気づかない才能や、考えたことがないチャンスがわかるかもしれません。時間とエネルギーを使ってほかの人の可能性や、その人のためになることを考えるのは、思いやりと友情の証であり、リーダーの証でもあります。

安定をもたらす

・つらいとき、その先にある未来が見えないばかりに、現在への不安がいっそう募ってしまうことがあります。しかし、未来を見通す才能があるあなたは、現在の状況に縛られません。困難にも必ず終わりが来ることを知っています。その落ち着きを共有して、ほかの人たちの力になってあげましょう。

・未来について考えるときには、部下たちとよく話し合うようにしましょう。あまりにも非現実的なビジョンや、曖昧で想像することができないビジョンを描いてしまうと、不安で落ち着かない気持ちにさせてしまうかもしれないからです。また、あなたが描くシナリオのなかでは自分はどのように見えるかと部下たちに尋ねます。そのとき、あなたのシナリオはあくまで「こうなったらどうなる？」という情景であって、「こうしなければならない」計画ではない、ということをよく理解させます。彼らの運命をコントロールしているのは彼ら自身なのですから。

希望を生み出す

・方向性や教えを求めるとき、未来を思い描く才能があるあなたに皆が話を聞いてもらいたがるのは当然のことです。あなたは、これまでもずっと、ほかの人たちを導く役割を果たしてきたのかもしれません。この役割についてじっくり考えてみましょう。どのような問いかけをすべきかを考えるのです。周囲はあなたの何を必要としていますか。どうしたらそれがわかりますか。アドバイスを求められたときに尋ねる質問を用意しておきましょう。相手の期待と希望に応える一助となることでしょう。

・あなたは、未来のイメージを描いて周囲を鼓舞します。ビジョンを明確に表現するときには、広い視野に立ったあなたの考えが理解されやすいように、活き活きとしたことばと比喩を駆使して細かいところまで描写しましょう。部下たちがすぐに把握できるように、略図や段階的な実行計画、または実物大模型を使って、アイデアや戦略を具体的にするといいでしょう。

〈未来志向〉を強みとする人を率いる

・この人には、将来必要になると思われる製品やサービスについて考え、書き出し、計画を立てる時間を与えます。そして、社内報や会議や他企業との代表者会議でその見解を述べられる機会もつくるようにします。

・社内の企画会議に参加させ、3年後、この会社がどのようになっているか、データをもとにした見解を発表させます。こういった発表の場は半年ごとくらいに設けるといいでしょう。そういう機会が与えられることで、この人自身、天性の洞察力と新しいデータで自らの見解をさらに発展させることができるでしょう。

・従業員に軌道修正を受け入れさせる必要があるときには、この人の手を借り、誰もが納得できるかたちで、軌道修正と企業の将来性との関連を明確にしてもらい、プレゼンテーションを行ってもらうか、社内報に書いてもらうかするといいでしょう。ほかの人たちが現在の不確実性に対して抱いている不安を克服するのに大いに役立ち、将来の可能性に関して多くの人がこの人とほぼ同じ希望を持つようになるはずです。

〈目標志向〉で人を率いる

Focus

〈目標志向〉の資質にすぐれている人は、目標を設定し、それに向かって前進を続け、進路から外れないように必要な修正をすることができます。この人は、物事の優先順位をつけてから行動します。

信頼を築く

・優先すべきことを知っていて、そこから注意をそらさないあなたに、周囲は一目置いています。必要のないことはさせないようにしましょう。何かを頼むときには、それが最終的なパフォーマンスに影響するかどうか、まず自問します。時間を割く価値がないと判断したときには、頼む必要はありません。それでも、皆はあなたの判断を信頼するはずです。

・〈目標志向〉のきわだった才能を持つあなたは、人生は選択することだと知っています。その選択は自分がしなければならない、ということを忘れてはいけません。ほかの人たちの選択を理解し、尊重していることを示しましょう。

思いやりを示す

・人生の優先順位について大きな視野に立って考えてみましょう。〈目標志向〉の才能を、重要なプロジェクトだけでなく、人に対しても活かすのです。人生のパートナーたちに相応の時間と注意を注げるように目標と戦略を定めましょう。これらの目標を、日々の「やることリスト」に含め、達成したものから消していきます。

・職場の誰に投資すべきでしょうか。仕事に励み、あなたの人生をよりよいものにしてくれているのは誰でしょうか。あなたの効率を高めてくれている人たちに感謝の念を表しましょう。有能なリーダーでいられるのは彼らのおかげだと認め、彼らのほうで助けを必要としているときには手を差し伸べるようにしましょう。

安定をもたらす

・もっと先のことまで計画するようにして、〈目標志向〉の才能を注ぐ範囲を広げましょう。たとえば、1年先の計画を立てるところを3年先にするなど、予測の対象に含める期間を徐々に延ばしていくのも悪くありません。そんなあなたの考えを皆と共有しましょう。目標に焦点を当てて長いスパンで物事を考えていることがわかると、まわりは安心するものです。

・家族やワークチームと長期的な目標を共有するときは、あなたの将来の計画に彼らも組み込まれていることを告げましょう。大切で必要な存在として共に歩んでいくことを保証してあげるのです。

希望を生み出す

・責任と仕事は、生涯にわたって累積し続けます。そのなかには、もはや意味のなくなったものもあるかもしれません。累積したがらくたを片づけるのに手を貸しましょう。「人生と仕事で一番重要なことは？」「この仕事のどこが好き？」「この仕事を辞めたら、どうなる？」といった質問をしてみるのも悪くありません。こうした問いかけが、自分たちのエネルギーを集中――またはもう一度集中――させて、今後のことを見つめ直すきっかけになります。

・最も有望な従業員の今後のキャリアの相談に乗って、会社に投資しましょう。人に助言するときには、あなたならその人の希望が確実にかなう明確なキャリアパスと行動計画づくりを手伝ってあげることができます。

・達成状況を測定できる明確で具体的なパフォーマンス目標を持つこと――これは効率的に仕事をするうえできわめて重要です。あなたは、〈目標志向〉の才能を刺激し続けることができる定期的な「小さな目標」を設定することを好みます。目的、達成状況の測定システム、パフォーマンス目標を部下たちと共有しましょう。そうすることによって、皆の「チーム」感覚を強め、もっと大きな企業目標に対する個人の達成状況を測るように促すことができます。

〈目標志向〉を強みとする人を率いる

・日程と目標だけ設定し、その実践法は本人に考えさせます。この人は自分で仕事をコントロールできる環境で力を発揮します。

・この人のほうから言ってくれれば、そのたびに直接話し合います。定期的に話し合うことでこの人はさらに成長します。目標および進捗状況を人に話すのが好きなのです。どの程度の頻度で話し合うかも決めさせるといいでしょう。

・この人に他人の気持ちをよく考えた行動はあまり期待しないほうがいいでしょう。この人にとっては目標達成が何より重要なのです。〈目標志向〉に加えて〈共感性〉も持っているようなら、その傾向は弱まりますが、目標に向かって邁進しているときには、この人には他人の気持ちを踏みにじる可能性があります。このことは心にとどめておいたほうがいいでしょう。

・この人は頻繁に軌道修正を強いられるような状況では意欲がわきません。ですから、修正が避けられない場合には、この人の〈目標志向〉を刺激することばで説明するのが有効です。「新たな目標」や「成功への新たな戦略」といったことばを用いると、軌道修正や目標変更もさほど抵抗なく受け入れてくれるはずです。

・この人は時間管理に関するセミナーに参加させるといいでしょう。時間管理能力に長けていなくても、〈目標志向〉に突き動かされてできるだけ早く目標を達成しようとするタイプなので、効果的な時間管理ができれば、さらに効率的に仕事がはかどることをよく理解することでしょう。

V

資料編
ストレングス・リーダーシップに関する調査

以下の3つのセクションは、「ストレングス・リーダーシップ」を裏づける調査の概要である。さらにくわしい資料を求めたい向きは、strengths.gallup.comをご覧いただければと思う。PUBLICATIONSをクリックし、Strengths Based Leadershipを選択した後、Leadership Researchをクリックしていただきたい。

1　あなたの強み──ストレングス・ファインダーの裏づけとなる調査

このセクションは、*Clifton StrengthsFinder 2.0 Technical Report: Development and Validation*（アスプランド、ロペス、ホッジズ、ハーター著、２００７年）を編集したものである。

はじめに

〈クリフトン・ストレングス・ファインダー〉（ＣＳＦ）（ストレングス・ファインダーのこと。亡きドン・クリフトンを忍んで、クリフトン・ストレングス・ファインダーと改名された）は、個人の強みを築く最もすぐれた潜在能力がある分野を特定するオンライン才能診断システムである。このシステムは、自分のなかで優位を占める資質を見つけて具体的な才能を認識する第一歩であり、その関連資料は、認識した才能を伸ばして強みとし、職務に活かす参考資料として使用できる。CSFは、仕事や学問の場で、おもに強みに基づいた個人の成長促進プロセスをはじめる際の評価として使われる。ポジティブ心理学に基づく多目的の測定器として、これまで仕事の場を中心に利用されてきたが、従業員や経営陣、学生、家族が利用することも、自己啓発に活用することもできる。

CSFは、従業員の選定または精神的健康のスクリーニングを目的とするものではない。フィードバックは、あくまでも個人の内面的な成長を促進するために提供されるものであり、したがって個人のプロファイルの比較は奨励していない。

強みの理論

教育心理学者のドナルド・O・クリフトンは、CSFのもととなるインタビューを考案するにあたって、こう問いかけることからはじめた。「人の正しい面を調査したらどうなるだろう?」。こうして、優秀さ（強み）を一貫して発揮することができる基盤として才能に焦点を当てる哲学が生まれた。具体的に言うと、強みの哲学とは、同じ労力を費やすのであれば、個人の弱点を修正するよりも、最もすぐれた才能を伸ばすことに費やしたほうがはるかに得るものが大きい、という主張なのである（原注1）。

クリフトンは、これらの才能は「無意識に繰り返される思考・感情・行動パターンであり、何かを生み出す力だ」という仮説を立てた（原注2）。この仮説によると、「強み」とは、才能が最大限に引き出された結果である。厳密には、「最も強力な才能が実践とともに磨かれ、そこに習得したスキルと知識が組み合わさって生まれる優越」と定義づけることができる。ＣＳＦは、この強みを形成する基礎となりうる「才能の原材料」を測定するために設計された。したがって、このシステムの目的は、才能の「特徴的な資質」を特定することにある。この「特徴的な資質」こそが、成功を実現するための才能、何かを生み出す力を発見する手がかりとなるのである。

〈クリフトン・ストレングス・ファインダー〉の開発

世論調査（原注３）と従業員選定調査（原注４）で広く知られている〈ギャラップ〉は、個人の才能を特定し、それを磨いて職場や学校で活かせば、よい結果を出すことができるという考えに基づいて、才能を特定するさまざまな半構造的インタビューを開発した。その結果、１９９０年代にドナルド・Ｏ・クリフトンの指揮のもとで誕生したのが、オンラインで1時間たらずで実施できる客観的な才能診断システム、ＣＳＦである。以来、２００７年1月現在にいたるまで、世界中で２００万人以上のビジネスマンや学生たちがこの診断テストを受けている。

ネブラスカ大学、〈セレクション・リサーチ・インコーポレーテッド〉および〈ギャラップ〉で50年に及ぶキャリアを積んだクリフトンは、次のようなさまざまな調査を実施した。「準拠枠」（原注５）、教師と生徒の結びつき（原注６）、マネジメント（原注７）、ビジネスと教育の幅広い領域での成功（原注８）。これらのクリフトンの調査と実践は、時間の経過にも、実証的な精査にも耐えうるゆるぎない概念に基づいていた。

まず、彼は仕事や学問の場で才能を利用および研究し、そこから利益を得ることは可能と考えた。

才能は、切望、習得の速さ、満足感、永続性によって特徴づけられる人生経験に示されている。こうした特質に似た「原材料」は、幼少期と青春期の健全な成長と成功経験から生まれるものと考えられる。では、「強み」とは何か。「強み」とは、才能の延長にあるものである。もっと正確にいえば、強みとは、「才能と、それに関連する知識とスキルが結びついたもの」であり、「常に完璧に近い成果を生み出す能力」と定義される（そういう意味では、CSFは、厳密にいえば、その名前が示すような「強みを発見する」システムではなく、「強みを伸ばす土台となる才能を診断する」システムといえる）。

次に、クリフトンは、成功には、情報分析能力に関連する従来の構成概念のほかに、個人の才能と強みが密接にかかわっていると考えた。こうした考えに従って彼は、仕事と学問の分野で成功することを予測する才能の数百におよぶカテゴリーを特定しようとし、実証に基づいた半構造的インタビューを考案した。このインタビューを開発するにあたって、クリフトンとアナリストたちはさまざまな役割（たとえば、学生、販売員、管理者）について調査した。そして、実際に仕事や学問の場を訪れ、これらの役割や環境で傑出した才能を持つ人々を探し出し、その状況における成功と関係する長期的な思考、感情、および行動を特定したのである。こうして開発されたインタビューの多くが、よい結果を予測するのにきわめて有効だった（原注9）。その後、これらのインタビューは〈ギャラップ〉のアナリストたちによって200万人以上を対象に実施され、自己開発と従業員の選定に活用された。1990年代半ばにクリフトンと同僚たちが客観的な才能診断システムを開発することを思い立ったとき、彼らはこれらのインタビューとデータを体系的に見直し、〈ギャラップ〉が蓄積した、才能を土台にした実践の知識と経験を最大限に利用した。

インタビュー調査の多くにおいて熱意や価値に関する一面と項目が顕著であったことから、このシステムの設計にはそうした永続的な人間の性質を特定できる手段が加えられた。最初の５０００を超える項目群は、従来の有効性証拠に基づいて構成されたものである。われわれが測定しようとしている人間の才能の幅を考えると、この５０００という項目群は十分に多種多様に思われた。

上記の５０００よりも少ない項目群は、項目数が妥当であるか、その内容がそれぞれの資質を反映し、かつ資質に内包されているかどうか、といった検討を重ねた末に作成された。具体的には、項目の評価に使用した証拠は、１００以上の予測的妥当性調査を含む基準関連妥当性調査のデータベースから抽出したものである（原注10）。また、項目が資質の測定、および資質の点数の一貫性と安定性の測定に妥当であるかどうかを評価するには、複数のサンプルで因子分析と信頼性解析を行った。その結果、資質の最大限の情報とシステムの項目数の効率性のバランスをとることに成功した。開発過程では、多数の項目セットを試験的に検査し、最終的に最も強い精神測定特性（資質に相関する項目を含む）のみを残すことにした。

こうして、１９９９年、35の資質バージョンに基づくＣＳＦの実施が開始された。その数カ月後、利用者から収集したデータをもとに、研究者たちがシステムを再度チェックして、資質の独自性と冗長性を分析したのちに１８０の項目と34の資質を確定した。このときから現在にいたるまで、いくつかの資質の名称が変更されたものの、資質の解説はほとんど変わっていない。

今日、ＣＳＦは24の言語で利用でき、障がい者が利用する際には部分的に修正を施せるようになっている。前述したとおり、利用者はすでに世界中で２００万人を超えており、高校１年生以上の読解力を持つ青年と大人には誰でもこのシステムを利用できる。その後、2006年に〈ギャラップ〉の調査員たちがこのシステムの計量心理学を広範にわたって見直し、いくつかの修正が加えられている。次に挙げる検証試験は、大人と学生両方の母集団における34の資質の構造を確認するものである。ほかにも、複数の調査において収集した100万以上のケースを見直す過程で、資質の有効性と信頼性に改良の余地があることが判明した。そのなかには、既存項目の採点のやり直しや新たな項目の追加も含まれている。新たな項目については、〈ギャラップ〉の才能関連のライブラリーと調査員の経験——構造的インタビューの確立と才能のフィードバック提供で培われたもの——をもとに選定された。最後に、CSFの180項目バージョンにあったものの、資質の採点に一度も使われなかった項目が見つかった。

これらの項目をひとつひとつ徹底的に見直した結果、不正解の選択肢、または採点項目として不必要なものが多数見つかったため、それらの項目が排除された。こうした変更を経て、最終的な項目数は180から177へと微減した。

上記に挙げたCSFの継続的な信頼性、有効性、そして特に一般人と大学生両方への適用性を調べる多数の調査は、〈ギャラップ〉内外の調査員たちによって実施された。彼らの最新の調査は以下のとおりである。

検証試験

・サイラシ（マサチューセッツ州立大学）　n＝10,000（nは母集団の標本の数）
・ロペス（カンザス大学）、ホッジズ（ギャラップ）、ハーター（ギャラップ）　n＝601,049
・アスプランド（ギャラップ）　n＝110,438
・アスプランド　n＝250,000
・アスプランド　n＝472,850

信頼性調査

・シュレイナー（アズサ・パシフィック）　n＝438
・ロペス、ハーター、ホッジズ　n＝706
・アスプランド　n＝110,438
・アスプランド　n＝250,000
・アスプランド　n＝472,850

その他の有効性調査

・ロペス、ホッジズ、ハーター　n＝297
・シュレイナー　n＝438
・ストーン（ハーバード）　n＝278

実用性調査

・アスプランド　n＝900以上の事業部門の9万人の従業員

・さまざまな追加ケース・スタディー

これらの調査はすべて、CSFの継続的な実行可能性を確認するために行われたわけだが、さらに重要なこととして、こうした作業によって集められた証拠はCSFの精神測定特性とその有効性の詳細と見事に一致している。

この調査集団から確証的な証拠が得られたにもかかわらず、〈ギャラップ〉の調査員たちはCSFをさらに計量心理学的に改良できる分野をいくつか特定した。その結果、いくつかの項目に改良、除去、または置換の余地があることが判明した。そこで、計量心理学を改良する論理的な第一歩として、文章題になっている不採点項目のひとつひとつを徹底的に検証し、システムのパフォーマンスの向上に利用できるかどうかが調べられた。その過程で、実用性がないことが判明した項目は、可能であれば除去された（上記不採点項目のなかで、採点項目と組み合わされているものについては、現時点では除去されていない）。

実施とフィードバック

フィードバックは、利用者がCSFを実施した理由によって異なる形式で提供される。サマリー・

スコアは回答者には提示されず、ほとんどの場合、回答者は最も優位を占める5つの資質——自己描写の強さに応じて、得点の高い順に並べたもの——と前述の「特徴的な資質」が記載されたレポートを受け取ることになる。あるいは、〈ギャラップ〉のコンサルタントとのパーソナル・フィードバック・セッション、または指導者がついて行われる同僚たちとのチームづくりセッションで、自分の34のすべての資質の順番が、それぞれの資質の「アクション・アイテム」とともに提示される場合もある。

強みを土台とした成長促進プログラムのフィードバックは、インストラクション、経験学習、指導教育活動を伴うことが多い。いずれも、才能を最大限に活用する（すなわち、回答者の職業的または教育的役割に関連する強みを開発する）一助となるように設計されたものである。このようなCSFの改善の一環として、新たに、より詳細なフィードバックが提供されるようになった。この「強みの洞察」という新しいフィードバックは、項目ごとの回答を踏まえて回答者の「特徴的な資質」レポートをさらにカスタマイズしたものである。ここ数年間で発見された5000以上の強みの洞察を用いて資質をさらに深く掘り下げた結果、その人を特徴づける微妙な差異にまで言及している。このフィードバックは資質のデータと項目ごとのデータの両方に基づいて作成されており、参加者の回答の組み合わせについて、さらにくわしい解説を提供できるようになっている。

用途——強みに基づいた成長

CSFは、〈ギャラップ〉の強みに基づいた成長促進プログラムにおいて、しばしば自己発見の第一歩として利用されている。診断テストを終えてフィードバックをもらった後、回答者には自分の特徴的な資質と役割に合わせた発展的アドバイスが提示される。このアドバイスをもとに、ＣＳＦを実施したことでより理解できるようになった自分自身と才能を融合させていくのである。強みの特定と融合段階が進むにつれて、行動の変化が促される。具体的には、最もすぐれた才能を補完して特定の仕事に適用できるようにするスキル（すなわち、基本的な能力）と知識（すなわち、事実と経験から学んだことを含めてあなたが知っていること）を習得することによって、強みを確立することを促すものということだ。

ＣＳＦの目的は自己開発と成長の促進であり、マネジャー、友人、同僚、そしてアドバイザーたちとの議論の出発点として、そして自己認識のツールとして使うように意図されている。ＣＳＦの結果は、回答者とともに検証する予備的仮説である。したがって、才能と強みの開発に関するフィードバックは、個人が最もすぐれた才能を最大限に活用し、その才能で新たなことに挑戦するのを助けるさらなるひと押しをする役割を担うものである。ＣＳＦシステムの精神測定特性はこの用途に十分応えられるものとなっている。

2　あなたのチーム——チームの熱意に関するギャラップの調査

組織のチームへのかかわり方に関する詳細な説明については、このトピックを扱ったビジネス書『まず、ルールを破れ』（宮本喜一訳、日本経済新聞出版社）と*12: The Elements of Great Managing*（邦訳未刊）を読むことをお勧めする。このテーマに関するより詳細な情報、または専門的な情報をお求めの向きは、〈ギャラップ〉に問い合わせるか、以下の文献をご参照いただければと思う。

Harter, J.K., Schmidt, F.L., & Hayes, T.L.（2002). Business-unit-level relationship between employee satisfaction, employee engagement, and business outcomes: *A meta-analysis. Journal of Applied Psychology*, 87（2）, 268-279.

数百万回に及ぶ調査を長期的に行い、生産性、利益、その他の多くの結果のデータへの反応を比較した〈ギャラップ〉の同僚たちは、１９９９年、身近なチームの熱意を測定する12の核となる要素を特定した。部下が5人であろうと５００人であろうと、直属チームの基礎固めをすることは不可欠である。たとえ数百人の部下がいても、あなたが日常的に管理し、指導している小さなチームがあるはずだ。この12の要素は、こうしたチームの熱意と今後の仕事の成果を予測する最適な指標となる。また、これらの要素の大部分は、従業員にとって職場で一番身近な存在であるマネジャーやリーダーに左右され、彼らの影響を最も直接的に受けるものとなる。

このことから、あなたの直近のチームについていえば、メンバーがこの12の基本項目に強く同意できれば、グループの熱意がさらに高まるはずだ。

1　職場で自分が何を期待されているかを知っている。
2　仕事をうまく行うために必要な材料や道具を与えられている。
3　職場で最も得意なことをする機会に毎日恵まれている。
4　この7日間のうちに、よい仕事をしたと認められたり、誉められたりした。
5　上司または職場の誰かが、自分をひとりの人間として気にかけてくれている。
6　職場の誰かが自分の成長を促してくれている。
7　職場で自分の意見が尊重されている。
8　会社の使命や目的が自分の仕事は重要だと感じさせてくれている。
9　職場の同僚が真剣に質の高い仕事をしようとしている。
10　職場に親友がいる。
11　この半年のうちに、職場の誰かが自分の進歩について話してくれた。
12　この1年のうちに、仕事について学び、成長する機会があった。

上記の項目には、あなたひとりの力ではどうすることもできないものもあるかもしれない。しかし、まずこれらの12の基本事項に取り組むことからはじめれば、直属チームの熱意を劇的に変えることができる。重要なのは、６カ月から12カ月ごとにこれらの項目に対するチームの答えを評価し、その進展を見守り、あなたの最も大切な支持者たちとの関係づくりに最善を尽くすことである。

では、現場の従業員たちから離れたところにいるリーダー（たとえばＣＥＯまたはゼネラル・マネジャー）の場合はどうだろうか。最近、われわれは、最上層部のリーダーが、介在するヒエラルキーを飛び越えて社内の人たちに連鎖的な影響を与えることができるかどうかを特定するため、新たにいくつかの項目をテストした。そのすべてのテストを終えた結果、これらの項目を、仕事の成果を予測するうえで最適な指標となりうる３つにまで絞り込むことができた。

1　会社の指導部は常に敬意を持って接してくれている。
2　会社の指導部は会社の将来の財務状態に自信を持っている。
3　会社の指導部は将来に希望を抱かせてくれている。

われわれは、これまでにこの３項目をいくつかの業界と国の従業員調査に使っている。また、これらの組織的なリーダーシップ項目の有効性をテストするために世論調査も実施した。その結果、核となる12要素に、よりグローバルで連鎖的なこの３項目を加えることによって、エグゼクティブ（または間接的）リーダーがコントロールできるものと、できないものを見きわめられるまでにいたった。実のところ、われわれの同僚の多くは、それまでの調査に基づいて、注目すべきは直近グループだと推測して、大企業のＣＥＯにも最前線の社員たちに影響を与えることができる、という考えを一蹴していた。少なくとも、それを数量化することは不可能だ、と。

しかし、実際には、このような影響――ワークグループ・レベルの熱意で説明できる変化より大きな影響――が認められ、測定することは可能だった。たとえば、自社製品を勧める可能性を調査したとき、自社製品を友人に推奨すると答えた従業員たちはわずか56パーセントだったのだが、熱意のある従業員を対象に調査したところ、その数字は86パーセントに跳ね上がったのである。さらに、熱意があって、かつこの3つのリーダーシップ項目にも強く同意できる従業員に尋ねてみたところ、実に95パーセントが自社製品を推奨すると答えたのだ。

つまり、熱意だけで割合が30パーセント高くなるということだ――従業員が会社の指導部と完全にうまくいっている場合には、さらに9パーセント高くなる。これをほかのいくつかの結果と関連づけながら見たところ、従業員がこれらの3つのリーダーシップ項目すべてに強く同意している場合は、全般的に同様の結果が得られた。核となる12の項目と同じく、この組織の指導部のメトリックをほぼ完璧に満たすことは一朝一夕にできるものではない。おそらく数年はかかるだろう。しかし、もしあなたが50人――または50万人――からリーダーと仰がれているなら、これらの項目が、あなたが支持者たちに及ぼしている影響を測る最適な第一歩となることは間違いない。

3　人はなぜついてくるか

概要

リーダーシップについては、これまでさまざまなトピックで数えきれないほど多くの調査が行われてきた。しかし、そのほとんどはリーダーの性質に焦点を当てたものであり、フォロワーの視点からリーダーシップが考察されることはほとんどなかったといっていい。しかし、リーダーになりたいと願う何百万という人たちにしてみれば、この考察こそが最も重要な情報なのではないだろうか。そこで、われわれは、1万人以上のフォロワーを対象に、リーダーが自分の人生に与えてくれるものを尋ねる調査を実施した。以下は、この調査から得られたデータの分析である。

方法

最初のデータは、2005年から2006年に1万4人のアメリカ人成人（19歳以上）を対象に調査を実施して集められた。この調査は、〈ギャラップ〉の標準調査方法であるランダム・デジット・ダイアリング（RDD）（無作為番号ダイアリング。コンピューターで無作為につくり出した電話番号に電話をかけて調査する方法）によって行われた。通常の分析は、ひとつの企業または便宜的サンプルを対象とし、おもにケース・スタディ、インタビュー、リサーチに基づいて行われるが、RDDはこのような通常の分析方法とは大きく異なり、アメリカ国民の代表性が保たれたサンプリングを得ることができる（サンプルサイズを考えると、サンプリングの許容誤差はプ

図表5-1　分析に使われた最初の調査の質問

1	日々の生活で最もポジティブな影響を与えてくれているリーダーは誰ですか。必要なら、少し考えてみてください。誰かが思い浮かんだら、その人のイニシャルを書いてください。 （インタビュアーがイニシャルを記録する）
2	では、その人があなたの人生に与えてくれているものを最もよく表している単語を3つ挙げてください。 a ＿＿＿＿＿＿＿＿ b ＿＿＿＿＿＿＿＿ c ＿＿＿＿＿＿＿＿

ラスマイナス1パーセント）。調査は19歳以上を対象に実施されたが、回答者が無職の場合でも調査から除外しなかった。これによって、われわれは企業の枠を超えたリーダーシップ——ソーシャル・ネットワーク、学校、教会、そして家族のリーダーシップ——を調べることができた。対象者にふたつの質問に答えてもらった（**図表5—1**）。

最初の質問で、実生活で最もポジティブな影響を与えてくれている人を選び出すように回答者に指示し、ある特定のリーダーを提示してもらった。理論上、特定のひとりの人物のイニシャルを示すように求めると、回答者がふたつめの質問により具体的に答えられる可能性が高いからだ。ここで「ポジティブ」ということばを入れたのは、きわめて否定的な影響を与えているリーダーを調査対象から外すためである。冒頭の「日々の生活」ということばは、明確で実際的な影響を毎日与えるリーダーシップのタイプを分析するために不可欠なものだった。このため、今回の質問は、過去の調査で使われた典型的な質問――「あなたの最も尊敬する人は誰ですか」や「あなたの知っている最高のリーダーは誰ですか」――とはかなり異なるものとなった。従来の質問を用いた場合、政治や宗教、スポーツ界のおもだった有名人の名前が挙がってしまうことが往々にしてあるのである。

回答者が自分の頭に浮かんだリーダーを特定すると、〈ギャラップ〉のインタビュアーは、「その人があなたの人生に与えてくれているものを最もよく表している」3つの単語を挙げるように求めた。リーダーがフォロワーの人生に何を与えているかに注目することは重要である。ここでもう一度強調しておくが、従来の調査はリーダー自身の性質に的を絞ったものであり、リーダーのスタイルを説明できるように質問が作成されていたが、今回の調査の質問はリーダーが実際にフォロワーの人生に与えているものを特定することが目的であり、従来の調査とはまったく異なる趣旨で作成されている。加えて、おそらくこれが最も重要なことだが、今回の調査ではひとりの回答者に求める単語を3つに絞ることにした。これによって、もっと制約のゆるい自由回答形式の質問に比べると、調査内容の分析がかなり容易になった。

こうして集められた単語回答は、ひとつのマイクロソフト・エクセル・ファイルにコンパイルされ、クリーニングとコーディングが行われた。まず、エクセルのスペリング・ツールを使って回答のスペルミスを修正した。この際、必要に応じて、メリアム・ウェブスター・オンライン・ディクショナリーも使用した。次に、ひとりの回答者の答えの重複を特定し、回答ファイルから削除した。さらに、回答者がひとつの回答に複数の単語を提示しているケースを特定し、追加された単語が別の概念を表していることが明白な場合は、その単語を切り離して別の回答と見なした。最後に、理解不能、または無回答と見られるものを特定し、コード化した。

第二の質問に対する回答のクリーニングとコーディングが完了すると、それらの回答がアメリカ国民全体を代表するようにデータに加重値を与えた。それから、各回答者の最初の3つの回答をファイルから取り出すと、単語の頻度分析を行った。すべての回答に対して、加重値を与えられた単語の頻度数の計算を行ったのだ。最後に、使われた頻度の高かったものから各回答を順に並べると、「日々の生活でリーダーたちが回答者たちに与えているものを最もよく表す単語」のうち最も頻繁に挙げられたものが特定できた。

結果とその後の調査

この調査の最初の結果は、本書の第Ⅲ部に記載されている。1万4人を対象にしたこの最初の調査から、以下のような主要テーマ（または基本的欲求）が明らかになった。

・信頼（フォロワーが他に挙げた単語　正直さ、誠実さ、尊敬）
・思いやり（フォロワーが他に挙げた単語　いたわり、友情、幸福、愛情）
・安定（フォロワーが他に挙げた単語　安心、強さ、支え、安らぎ）
・希望（フォロワーが他に挙げた単語　方向性、信念、アドバイス）

図表5―1の最初の質問をもとに検討した結果、85パーセント以上の回答者が友人、家族、同僚、先生または現在のマネジャーや直属の上司を選んでいることがわかった。圧倒的多数が、最も影響力のあるリーダーに自分にきわめて近い人物を挙げていたことになる。

さらに、回答者たちが挙げたリーダーは、彼らが長期にわたって知っている人物だった。この調査のもうひとつの質問「この人をどのくらい長く知っていますか」では、最も多かった回答が10年間だった。6年以上知っている人の名前を挙げた回答者は75パーセント以上、3年以上知っている人の名前を挙げた回答者は90パーセントにのぼった。

では、企業のもっと上層部のリーダーや世界的なリーダーに対しても、フォロワーは同じような欲求を持っているのだろうか。この答えを知るために、われわれは2008年にもうひとつの調査を実施した。このときには、さらに1000人のアメリカ人（19歳以上）を対象に加えて、〈ギャラップ〉が標準とするRDDで調査を行った。ここでは質問の文言を修正し、特定してもらうリーダーを「組織のリーダー」と「世界的なリーダー」に限定した。また、「日々の」という単語を削除して、回答者とは異なる層のリーダーについて尋ねるようにもした。そのうえで、その人物が回答者の人生に与えてくれるものを最もよく表している単語を挙げるように求めた（**図表5―2**、**図表5―3**）。

修正した質問の回答を検討した結果、驚いたことに、寄せられた回答はほとんど同じだった。最初の調査に比べて、思いやりの領域で単語の順序にわずかな変化が見られたものの（たとえば、「いたわり」という単語を挙げた人の割合が減り、「思いやり」という単語を挙げた人が増えた）、全体的に一貫して同じカテゴリーと単語が現れたのだ。

図表 5-2 分析に使用した2回目の（組織のリーダーに関する）調査の質問

1 人生に最もポジティブな影響を与えてくれている組織のリーダーは誰ですか。必要なら、少し考えてみてください。誰かが思い浮かんだら、その人のイニシャルを書いてください。
（インタビュアーがイニシャルを記録する）

2 では、その人があなたの人生に与えてくれているものを最もよく表している単語を3つ挙げてください。

a ______________________

b ______________________

c ______________________

図表 5-3 分析に使用した3回目の（世界的なリーダーに関する）調査の質問

1 人生に最もポジティブな影響を与えてくれている世界的なリーダーは誰ですか。必要なら、少し考えてみてください。誰かが思い浮かんだら、その人のイニシャルを書いてください。
（インタビュアーがイニシャルを記録する）

2 では、その人があなたの人生に与えてくれているものを最もよく表している単語を3つ挙げてください。

a ______________________

b ______________________

c ______________________

フォロワーを対象とするこの調査の次の段階（これは、現在進行中である）では、世界中のさまざまな国で核となる質問を吟味する。本書が出版される時点では、オーストラリア、ブラジル、カナダ、中国、インド、日本、ニュージーランド、シンガポール、タイにおいてそれぞれ1000人以上の成人を対象とした調査が——RDDで——実施されているはずである。

われわれは、オーストラリア、カナダ、ニュージーランドで集めたこれらのデータを予備検討してみた。いずれも、「単語を3つ挙げてください」という質問を翻訳する必要がない英語圏で。すると、これらの国でもフォロワーがリーダーたちに期待するものを表す単語が驚くほど似ていることが判明した。しかし、今後ほかの国からのデータも加えて、さらに詳細な分析が行われることになっている。その結果は、〈ギャラップ〉のウェブサイトと将来出版される本書の国際版に掲載する予定である。

5. Clifton, D.O., Hollingsworth, F.L., & Hall, W.E. (1952). A projective technique for measuring positive and negative attitudes towards people in a real-life situation. *Journal of Educational Psychology,* 43.

6. Dodge, G.W., & Clifton, D.O. (1956). Teacher-pupil rapport and student teacher characteristics, *Journal of Educational Psychology,* 47, 6.

7. Clifton, D.O. (1970, March). *The magnificence of management.* マサチューセッツ州ボストンで行われた 第8回アニュアル・ライフ・エージェンシー・マネジメント・プログラムの講演のリプリント。

Clifton, D.O. (1975). Interaction is: Where the action is. ドナルド・O・クリフトンが作成し、1972年のチャータード・ライフ・アンダーライツ（CLU）フォーラムで発表したレポートのリプリント。

Clifton, D.O. (1980). *Varsity Management: A way to increase productivity.* 1980年6月24日にカリフォルニア州ナパで行われた第29回アニュアル・コンシューマー・クレジット・インシュランス・アソシエーション（CCIA）プログラムの講演のリプリント。

8. Buckingham, M., & Clifton, D.O. (2000). *Now, discover your strengths.* New York: Free Press.〔マーカス・バッキンガム、ドナルド・O・クリフトン『さあ、才能に目覚めよう——あなたの5つの強みを見出し、活かす』田口俊樹訳、日本経済新聞出版社〕

Clifton, D.O., & Anderson, E. (2002). *StrengthsQuest: Discover and develop your strengths in academics, career, and beyond.* New York: Gallup Press.

Clifton, D.O, & Nelson, P. (1992). *Soar with your strengths.* New York: Delacorte Press.（ドナルド・O・クリフトン、ポーラ・ネルソン『強みを活かせ！——あなたの才能を伸ばす知恵』宮本喜一訳、日本経済新聞出版社）

9. Schmidt, F.L., & Rader, M. (1999). Exploring the boundary conditions for interview validity: Meta-analytic validity findings for a new interview type. *Personnel Psychology,* 52, 445-464.

10. 同上。

Ⅲ 「なぜ人がついてくるか」を理解する

1. Boden, A., & Ashurov, A. (2003, April 28). A walk in the rain with Warren Buffett [Electronic version]. *The Harbus.*
2. Ward, A. (2006). Looking for leaders [Electronic version]. *Leadership.*
3. 2002年2月に実施したギャラップ調査（18歳以上の働く成人1,009人を対象とする電話インタビュー）。このサンプルに基づく結果の信頼度は95%、許容誤差はプラスマイナス3%。
4. Buckingham, M., & Coffman, C. (1999). *First, break all the rules: What the world's greatest managers do differently.* New York: Simon & Schuster.〔マーカス・バッキンガム、カート・コフマン『まず、ルールを破れ――すぐれたマネジャーはここが違う』宮本喜一訳、日本経済新聞出版社〕
5. 2004年4月から2005年5月に実施したギャラップ調査（18歳以上の働く成人3,008人を対象とする電話インタビュー）。このサンプルに基づく結果の信頼度は95%、許容誤差はプラスマイナス3%。
6. 2004年4月から2005年5月に実施したギャラップ調査（18歳以上の働く成人3,008人を対象とする電話インタビュー）。このサンプルに基づく結果の信頼度は95%、許容誤差はプラスマイナス3%。

まとめ

1. Branch, T. (2006, January 1). "I have seen the promised land" [Electronic version]. *Time.*

Ⅴ 資料編 ストレングス・リーダーシップに関する調査

1. Clifton, D.O., & Harter, J.K. (2003). Strengths investment. In K. S. Cameron, J.E. Dutton, & R.E. Quinn (Eds.), *Positive organizational scholarship.* (pp111-121). San Francisco: Berrett - Koehler.
2. Hodges, T.D., & Clifton, D.O. (2004). Strengths-based development in practice. In A. Linley & S. Joseph (Eds.), *Handbook of positive psychology in practice.* Hoboken, New Jersey: John Wiley and Sons, Inc.
3. Gallup, G. (2004). *The Gallup Poll: Public opinion 2003.* Lanham, MD. Roman and Littlefield.
   Newport, F. (2004). *Polling matters.* New York: Warner Books.
4. Harter, J.K., Hayes, T.L., & Schmidt, F.L. (2004). *Meta-analytic predictive validity of Gallup Selection Research Instruments* [technical report]. Omaha, NE: The Gallup Organization.
   Schmidt, F.L., & Rader, M. (1999). Exploring the boundary conditions for interview validity: Meta-analytic validity findings for a new interview type. *Personnel Psychology,* 52, 445-464.

Ⅱ　チームの力を最大限に活かす

1. 1999年2月21日に実施したシモン・ペレスへのギャラップ・リーダーシップ・インタビュー。
2. Kopp, W. (2001). *One day, all children…: The unlikely triumph of teach for America and what I learned along the way.* New York: PublicAffairs. 〔ウェンディ・コップ『いつか、すべての子供たちに――「ティーチ・フォー・アメリカ」とそこで私が学んだこと』東方雅美訳、英治出版〕
3. Chira, S. (1990, June 20). Princeton student's brainstorm: A peace corps to train teachers [Electronic version]. *The New York Times.*
4. 2008年1月25日に実施したウェンディ・コップへのギャラップ・リーダーシップ・インタビュー。
5. Lewin, T. (2005, October 2). Top graduates line up to teach to the poor [Electronic version]. *The New York Times.*
6. 2008年3月31日に実施したサイモン・クーパーへのギャラップ・リーダーシップ・インタビュー。
7. Crockett, R.O. (2006, May 29). Keeping Ritz-Carlton at the top of its game [Electronic version]. *Business Week.*
8. Robison, J. (2006, October 12). How the Ritz-Carlton is reinventing itself. *Gallup Management Journal.* 2008年8月27日、http://gmj.gallup.com/content/24871/How-RitzCarlton-Reinventing-Itself.aspxより検索。
9. Michelli, J.A. (2008). *The new gold standard: 5 leadership principles for creating a legendary custom experience courtesy of the Ritz-Carlton hotel company.* New York: McGraw-Hill. 〔ジョゼフ・ミケーリ『ゴールド・スタンダード』月沢李歌子訳、ブックマン社〕
10. Sinclair, K (2002). Putting on the 'nouveau Ritz' [Electronic version]. *Hotel Asia Pacific.*
11. 同上。
12. 2008年3月5日に実施したマーヴィン・デイヴィスへのギャラップ・リーダーシップ・インタビュー。
13. Berry, M. (2006, February 7). Passion for people [Electronic version]. *Personnel Today.*
14. Inventive and dynamic risk-takers who changed the face of Britain [Electronic version]. (2008, January 10). *The Times.*
15. Timmons, H. (2006, October 6). So far, always the predator, not the prey [Electronic version]. The *New York Times.*
16. Standard Chartered: The decoupled bank [Electronic version]. (2008, February 28). *The Economist.*
17. 2008年2月27日に実施したブラッド・アンダーソンへのギャラップ・リーダーシップ・インタビュー。
18. 1999年7月27日に実施したコフィー・アナンへのギャラップ・リーダーシップ・インタビュー。

原注

本書に引用された参考文献を以下に記載する。ここに記載されていない統計はすべて、本書のために実施された調査・研究から得られたものである。

はじめに

1. 2006年1月2日から24日に実施したギャラップ調査（18歳以上のアメリカ人成人1,001人を対象とする電話インタビュー）。このサンプルに基づく結果の信頼度は95％、許容誤差はプラスマイナス3％。
2. 2005年から2006年に実施したギャラップ調査（18歳以上のアメリカ人成人10,004人を対象とする電話インタビュー）。このサンプルに基づく結果の信頼度は95％、許容誤差はプラスマイナス1％。
   2008年に実施したギャラップ調査（18歳以上のアメリカ人成人1,000人を対象とする電話インタビュー）。このサンプルに基づく結果の信頼度は95％、許容誤差はプラスマイナス3％。
3. 2002年2月に実施したギャラップ調査（18歳以上の働く成人1,009人を対象とする電話インタビュー）。このサンプルに基づく結果の信頼度は95％、許容誤差はプラスマイナス3％。

Ⅰ　自分の強みに投資する

1. Solomon, D. (2007, July 1). Questions for Wesley K. Clark: Generally speaking [Electronic version]. *The New York Times Magazine.*
2. Asplund, J., Lopez, S.J., Hodges, T., & Harter, J. (2007, February). *The Clifton StrengthsFinder 2.0 technical report: Development and validation.* Omaha, NE: The Gallup Organization.
3. 2002年2月に実施したギャラップ調査（18歳以上の働く成人1,009人を対象とする電話インタビュー）。このサンプルに基づく結果の信頼度は95％、許容誤差はプラスマイナス3％。
4. Hodges, T.D., & Clifton, D.O. (2004). Strength-based development in practice. In P.A. Linley, & S. Joseph (Eds.), *Positive psychology in practice* (pp.256-268). Hoboken, NJ: John Wiley & Sons.
5. Judge, T.A., & Hurst, C. (2008). How the rich (and happy) get richer (and happier): Relationship of core self-evaluations to trajectories in attaining work success. *Journal of Applied Psychology,* 93, 849-863.
6. DiPrete, T.A., & Eirich, G.M. (2006). Cumulative advantage as a mechanism for inequality: A review of theoretical and empirical developments. *Annual Review of Sociology,* 32, 271-297.

■著者紹介

トム・ラス

ギャラップの職場リサーチおよびリーダーシップ・コンサルティングの責任者。著書『心のなかの幸福のバケツ』（高遠裕子訳、日本経済新聞出版社）がニューヨーク・タイムズ紙のNo.1ベストセラーになるなど、著作の販売部数は累計100万部を超える。ミシガン大学、ペンシルバニア大学にて学位を取得。妻のアシュレーとともにワシントンDC在住。

バリー・コンチー

ギャラップのエグゼクティブ・リーダーシップ・コンサルティングの責任者。パフォーマンスを向上させる人材戦略の手腕は世界中のCEOから高い評価を得ている。エグゼクティブ評価、チーム診断、後継者育成の専門家として、客観的な測定結果と鋭い洞察を提供し続けている。妻のニコラ、子どもたちとともにメリーランド州在住。

リーダーシップ開発プログラム、リーダーシップ評価、チーム設計、エクゼクティブ・コーチング、後継者育成など、ギャラップではさまざまなサービスを行っている。詳細はSBL@gallup.comまで。

■訳者紹介

田口俊樹（たぐち・としき）

翻訳家。奈良市生まれ。早稲田大学第一文学部卒業。英米文学を中心に幅広い翻訳活動を展開。フェレンク・マテ『トスカーナの丘』（徳間書店）、レノア・テア『「遊べない人」の心理学』（講談社）、アニー・ジェイコブセン『エリア51』（太田出版）など訳書多数。

加藤万里子（かとう・まりこ）

翻訳家。横浜市生まれ。アメリカ、ドバイなど、長年の海外生活を経て翻訳活動を展開。主にノンフィクションを手がける。

ストレングス・リーダーシップ

2013年3月22日　1版1刷
2015年5月18日　　3刷

著　者　トム・ラス
　　　　バリー・コンチー
訳　者　田口俊樹
　　　　加藤万里子
発行者　斎藤修一

発行所　日本経済新聞出版社
http://www.nikkeibook.com/
東京都千代田区大手町1-3-7　〒100-8066
電話　03-3270-0251（代）

印刷／製本　凸版印刷
ISBN978-4-532-31871-0 Printed in Japan